素品三国

SU PIN SAN GUO

1

任婕　著

祢衡

曹孟德
智者千虑，必有一失

姜维
士为知己者死的典范

徐庶
至情至性的乱世男儿

周不疑
因才遭嫉的三国神童

诸葛恪
好高骛远的东吴官二代

陕西新华出版传媒集团
陕西人民出版社

图书在版编目（CIP）数据

素品三国．1／任婕著．—西安：陕西人民出版社，2021．5

ISBN 978－7－224－14141－2

Ⅰ．①素… Ⅱ．①任… Ⅲ．①中国历史—研究—三国时代 Ⅳ．①I236．07

中国版本图书馆 CIP 数据核字(2021)第 091007 号

责任编辑：袁　刚
封面设计：蒲梦雅

素品三国 1

作　　者　任　婕
出版发行　陕西新华出版传媒集团　陕西人民出版社
（西安北大街 147 号　邮编：710003）
印　　刷　陕西隆昌印刷有限公司
开　　本　787mm×1092mm　1/16
印　　张　11．25 印张
字　　数　176 千字
版　　次　2021 年 5 月第 1 版
印　　次　2021 年 9 月第 2 次印刷
书　　号　ISBN 978－7－224－14141－2
定　　价　46．00 元

序

XU

任婕女士所著《素品三国》，是一部关于我国历史上三国时代人物群体的传记之作。说到三国人物故事，迄今为止影响最大、也最为著名的是明初人罗贯中所著的《三国志通俗演义》。其最有代表性的版本是清代康熙年间成书的毛纶、毛宗岗父子的整理本《三国演义》。

《三国演义》开场词为人熟知："滚滚长江东逝水，浪花淘尽英雄。是非成败转头空，青山依旧在，几度夕阳红。白发渔樵江渚上，惯看秋月春风。一杯浊酒喜相逢，古今多少事，都付笑谈中。"这是明人杨慎的一首咏古词，调寄《临江仙》。此词被《三国演义》引用后，脍炙人口，以至于人们以为其是专为《三国演义》而作。但对中国古代文学稍有了解的人都知道，这首词脱胎于宋代文豪苏轼的名作《念奴娇·大江东去》词。如首句是对"大江东去浪淘尽，千古风流人物"、末句是对"人生如梦，一樽还酹江月"的改写。苏词确然是为三国人物周瑜而作，而《三国演义》的读者也大都认可杨词对这部名作做出的概括和评价。即这部作品是写三国时代英雄或曰风流人物的。

自公元前221年秦始皇统一中国后，大部分时间我们国家的形态是大一统帝国，但其间也有战乱，最长的一段时间是东汉末年公元184年黄巾军起事到581年隋朝建立，几乎400年。其间有短暂的统一，正所谓"王濬楼船下益州，金陵王气黯然收”，即公元280年司马氏建立了全国统一的西晋王朝。经过37年，因发生“八王之乱”，内忧外患交集，国家又陷入长期的战乱。而三国时期，基本相当于前一阶段的百年动乱时代。

乱世出英雄，英雄生乱世。在这长达百年的历史时代，波谲云诡，景象壮阔，风流人物层出不穷。如果在中国历史上按照时代涌现出惊风雨、泣鬼神的杰出人物品级和多寡，来排列出各个时代的人物群雕，三国人物群像肯定是最前列之一。正是因此，引发无数后人的惊叹和心向往之。

一切三国人物故事的源头是西晋人陈寿的《三国志》。陈寿先仕蜀国，后归晋，成为史臣。书中所记人物，基本属于同时代或前辈，或同辈，有些甚至是他的熟人。而他又继承了司马迁、班固的良史传统，因此所记大都真实可信，《三国志》也因而跻身于“前四史”之列，得与《史记》《汉书》《后汉书》享有同样隆崇的历史地位。但《三国志》与前三史不同之处在于，没有诸作所有的表、志、书这类专史，而是只有纪、传，因此可谓是严格意义的人物传记合集。虽说结构看似松散，但总体上是写中央集权的国家经过动乱，又最终统一于新的王朝的一段历史演变，因此在《三国演义》作者的笔下，就被写成了“天下大势，合久必分，分久必合”，结构严谨的历史演义小说，这是作家的天才创作。《三国演义》的艺术特点从其大端而言，就是结构和人物塑造的成功。而后者，则更多的是《三国志》给他提供了丰富的人物形象原型。

清代著名学者章学诚曾说，《三国演义》写人状事的特点是“七实三虚”，这与《三国志》对比着看，很容易看出。前者是文学，后者是史书。文学要求“源于生活，高于生活”，此即典型化原则。从人物性格出发，可以大胆虚构，即写出人物原型虽未做过，但其从性格出发，可能甚至必然会做出的事情。为人乐道的例子是“怒鞭督邮”在历史上是刘备所为，但在《三国演义》中却归于张飞。正是因为从性格出发，性格暴烈的张飞更可能做出此事。而这也恰恰是文学与史学的不同所在，即为了作品的生动性，故意舍弃了严格意义上的真实性。再比如，清代以后，关帝崇拜成为民间的普遍信仰，这与《三国演义》故事的广泛流传，忠诚义勇的关羽形象深入人心，而清廷认为这种形象对于教化人心有着正面作用，可加利用，因而大加提倡有关。

这就造成了《三国演义》中的人物形象与历史人物往往有一定的殊异。经过数百年来对一般民众的反复陶冶，以至于不仅普通民众，甚至一些专家，也往往将三国时代的历史人物与文学人物分不太清楚。孔子说："文胜质则野，质胜文则史。文质彬彬，然后君子。"能做孔子笔下文质相称、彬彬有道的君子，固然是好，但是我们也可以从另外的角度来理解这一问题。如果说"野"指的是一种阅读、联想和想象的文学感受，我们可以从中得到大开大阖、纵横驰骋的阅读快感，那么质则是一种冷静客观，求真得实的理性认识。两种阅读，相辅相成，让我们同样可以成为文质彬彬的君子。前些年，易中天教授在中央电视台的讲座，从《三国演义》出发，以《三国志》为归依，在普及三国历史知识方面，取得了相当不错的成效。而摆在我们面前的这本《素品三国 1》，在继续着这样的工作，并且有着很好的成绩，可喜可贺。

任婕女士以包括裴松之等人成果在内的《三国志》为基础文本，在力图恢复三国人物的历史本来面貌方面，进行了很多努力。例如，《三国演义》中的鲁肃，是位个性鲜明的文臣，他老实忠厚，信念坚笃，但多少显得书生气，且其才气不足。而任婕根据史料，描写了他排开精壮人等，弯弓搭箭，远远射向立在地上的盾牌，将盾牌射空，吓退了追兵。这是不是与读者在《三国演义》中所阅读感受大不相同？而这才是接近真实的鲁肃。

这在历史学的治学中，通常被称作“记述”，即引述真实的史料，说明真相。而更大的考验是“考论”，即在各种形形色色诸说不一的记述中，去伪存真，去粗取精，由此及彼，由表及里，即通过艰苦细致的研究，辨清真相。这是考验学者史眼、史才、史识的门槛。任婕在这方面，也做了努力，尤其体现在其“疑案篇”中。她讨论了有关诸葛亮对于三顾茅庐而出山的因由，并提出了自己的看法，力图给人们有着诸葛亮出山的动机一个可信的说法。这种努力是值得赞赏的，也是一个致力于学术研究的年轻人必备的素质。

书籍出版在即，应嘱写下以上一些话作为寄语。祝作者在学术的道路上有大的作为。

贾三强

2020 年 8 月 16 日写于西北大学

贾三强，西北大学文学院教授、博士生导师、古典文学教研室主任。

前言

QIAN YAN

中华文化拥有五千年的灿烂文明，而其中最为人们所熟知的时代莫过于汉末三国这将近一个世纪的历史了（184—280）。三国历史之所以广为流传，最重要的原因就在于这不足百年的时间却诞生了无数的英雄豪杰，例如义薄云天的关云长、浑身是胆的赵子龙、鞠躬尽瘁的诸葛亮、精通音律的周公瑾、智谋过人的郭奉孝等，这些英雄不仅名噪一时，更是名传千古，而他们身上所具备的高尚品格也很值得后人学习。

记得早在 2008 年，笔者第一次读罗贯中先生的《三国演义》，一读之下便爱不释手，之后又时常翻看，那一个个栩栩如生的英雄豪杰都让笔者万分倾慕。《三国演义》虽被列为四大名著之一，但其所述内容七分真三分假，很多事情都不曾发生过，于是笔者开始读晋朝陈寿所著的史书《三国志》，这才使得许多历史真相渐渐浮出水面。

笔者之所以对三国历史情有独钟，主要是因为“情义”二字。三国固然是男人的战场，正所谓沙场征战，男儿本色，但在诸多尔虞我诈的诡谲之谋背后，同样包含了太多令人感动的“情义”，例如刘关张的兄弟之情、孙策和周瑜的总角之情、刘备和诸葛亮的鱼水之情，以及诸葛亮和姜维的师徒之情等无不令人感动万分。三国的英雄之所以被人铭记，是因为他们都是有血有肉真性情的豪杰，即便权倾一时也依然多情重义。

试观三国这不足百年的历史，真可谓英雄辈出，名臣良将不可胜数，他们不畏艰险、舍生取义的英雄本色足以流芳后世，永垂不朽。笔者多年来游走钟情于三国历史，探究一个个三国人物的真实面庞，并于闲暇之时写作本书，试图揭开一个个三国谜团！笔者虽然秉持认真严谨的态度辛勤撰写本书，但书中仍难免有缺漏之处，还请广大读者多多给予指正！

任　婕

目 录

MULU

第四篇　狂傲篇

第五篇　勇武篇

第六篇　疑案篇

后　记

第一篇 智谋篇

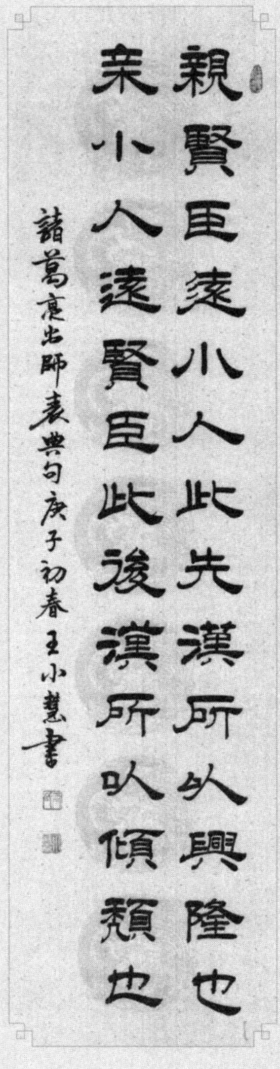

《出师表》典句——〔三国〕诸葛亮

亲贤臣，远小人，此先汉所以兴隆也；
亲小人，远贤臣，此后汉所以倾颓也。

蒋琬

JIANG WAN

虚怀若谷的蜀汉贤相

诸葛亮死后，蒋琬成为蜀汉的执政者，主政 12 年，政通人和，经济复兴，百姓安居乐业，蜀中呈现了一派“边境无虞，邦家和一”的大好气象。然而在《三国演义》中，这位举足轻重的蜀汉重要人物却是个极其次要的过场角色，他的名字仅仅出现了 24 次，与出现了 1747 次的诸葛亮相比根本就不成比例，甚至与他的后继者姜维相比亦相差甚远（姜维的名字出现了 302 次）。这不能不说是件十分遗憾的事。平心而论，蒋琬是三国时期一位不可多得的德才兼备的政治家和军事家，为蜀汉事业做出了巨大的贡献。

由于《三国演义》成书的年代元末明初也是类似于三国的军阀割据的乱世，生于此时的罗贯中先生希望山河重归一统，自然对矢志北伐的姜维十分赞赏，甚至将他刻画为诸葛亮的接班人，而忽略了蒋琬和费祎所执政的时代。蒋、费二人执掌蜀汉大权 19 年，占到蜀汉国祚总长（43 年）将近一半的时间，如此重要的时段在《三国演义》中却一笔带过，好似诸葛亮乍一去世，蜀汉立马就过渡到了姜维北伐，对于蒋琬这样一位蜀汉不可多得的精英来说，《三国演义》的处理是不科学的，更是有失公允。

蒋琬字公琰，零陵湘乡人。蒋琬年少时好学，聪明过人，气度不凡。青年时与表弟刘敏因才学而知名于当时。后跟随刘备，刘备平定蜀地后，蒋琬被任命为广都县县令。这个任命可以说是大材小用。一日，刘备、诸葛亮巡游至广都县，见蒋琬不理政事，且沉醉不醒，刘备勃然大怒，要将蒋琬加罪处死。诸葛亮劝谏道："蒋琬，社稷之器，非百里之才也。其为政以安民为本，不以修饰为先，愿主公重加察之。"刘备素来敬重诸葛亮，于是赦免蒋琬死罪，但还是将其罢免。由此可见诸葛亮在此时就已经深深地器重和赏识蒋琬。

蜀汉建兴元年（223），丞相诸葛亮开府治事，初步掌握蜀汉军政大权，于是开始重用蒋琬，辟蒋琬为东曹掾，同时举茂才。蒋琬谦逊不受，一再推荐刘邕、阴化、庞延、廖淳。诸葛亮再三勉励，在写给他的文告中说道："思惟背亲舍德，以殄百姓，众人既不隐于心，实又使远近不解其意，是以君宜显其功举，以明此选之清重也。"诸葛亮劝诫蒋琬应当尽力施展发挥他的才能，以此表明这种选举是公正慎重的。后又迁为丞相参军。蜀汉建兴五年（227），诸葛亮转驻汉中，准备北伐曹魏，蒋琬与长史张裔留统丞相府的一切事务。

蜀汉建兴八年（230），蒋琬接替张裔担任丞相长史，加抚军将军。诸葛亮每次征伐，蒋琬常筹集粮食，组织运输，补充兵源。蒋琬在此时所扮演的角色正是诸葛亮早先所扮演的角色，总管行政，足食足兵，可见诸葛亮对蒋琬的看重。诸葛亮常说："公琰托志忠雅，当与吾共赞王业者也。"同时密表后主："臣若不幸，后事宜以付琬。"为蜀汉百年大计着想，诸葛亮将蒋琬指定为自己的接班人，并予以悉心培养。

蜀汉建兴十二年（234），诸葛亮最后一次北伐，驻军五丈原和司马懿对峙，同年八月，诸葛亮身染重病，不幸离世。诸葛亮去世之后，后主刘禅遵照诸葛亮遗言以蒋琬为尚书令，又加行都护、假节，领益州刺史，再迁大将军，录尚书事，封安阳亭侯。此时蒋琬真正成为诸葛亮的接班人，并开始了执政生涯。诸葛亮刚去世之时，新丧元帅，远近危悚，蒋琬出类拔萃，身处百官之首，既没有哀伤的表情，也没有喜悦的表情，言行举止就跟平常一样，于是众望渐服。可见在诸葛亮突然去世之时，蜀汉朝局不稳，人心惶惶，蒋琬虽受诸葛亮遗命执政，但毕竟在之前并没有独当一面的经历，因此朝中难免议论纷纷，不服蒋琬，在这危急的时刻，蒋琬凭借其出众的能力稳定人心，证明了自己的实力。

蜀汉延熙元年（238），后主刘禅下诏，命蒋琬开府，总率诸军屯住汉中，乘曹魏内乱之时伺机伐魏，次年又加蒋琬为大司马。蒋琬深得诸葛亮赏识和器重，不仅仅是由于他能力出众，更是因为他人品贵重，在德行上足以领袖群臣。众所周知，诸葛亮在选拔人才时注重考量官员的德行，这与曹操“唯才是举”的用人方针截然不同。被诸葛亮看重的蒋琬、费祎、董允、陈震、姜维等都是德才兼备的人才。蒋琬不仅德才兼备，心胸也宽广豁达，虚怀若谷，说蒋琬心胸宽广有两个例子可以证明：

第一件事，东曹掾杨戏平常不太爱说话，蒋琬与他交谈，杨戏不做答，于是有人对蒋琬说：“你和杨戏说话，杨戏居然不做回应，这种对上司的态度是非常傲慢的。”蒋琬却说：“人心各有不同，各如其面，表面上顺从而背后反对，是古人所诫的。杨戏若是赞赏我，则不是他的本意，若是反对我，就会显示我的不对，所以他默然不答，杨戏实在是个痛快人。”值得一提的是，杨戏后来由于不服大将军姜维，酒后言笑，有讽刺姜维之意，而被免为庶人。两相比较，姜维的心胸实不及蒋琬。

第二件事，督农杨敏曾经当众恶意毁伤蒋琬：“作事愦愦，诚非及前人。”说蒋琬做事糊里糊涂，实在不如前人。有人将此话告诉蒋琬，司法官觉得可以以此治杨敏的罪，但是蒋琬说："我确实不如前人诸葛丞相，所以杨敏说得对。"司法官听到蒋琬这样说，便问蒋琬什么事做得糊里糊涂，蒋琬说："他所说的不如前人，就是事情处理得不当，事情处理得不当就是做事糊涂，有什么好问的？"后来杨敏犯罪入狱，大家都以为杨敏必死，但是蒋琬依法办理，没有因此给杨敏加罪。蒋琬这种公而忘私的做法深得蜀汉人心。

试想蒋琬执掌蜀汉大权，位居一人之下万人之上，身处如此显赫的地位，非但没有颐指气使，骄傲自负，反倒平易近人，亲切随和，更为难得的是他能够接受属下的公开批评而不忌恨，依法办案而不徇私，可见诸葛亮确实是有识人之明。蒋琬驻军汉中期间，认为昔日诸葛亮数次从秦川伐魏，道路艰险，运粮不便，倒不如乘水东下，于是多作舟船，打算由汉、沔袭取魏兴、上庸二郡，这也不失为一条可行计策。当年刘备任汉中王时，就曾命刘封通过汉、沔水路袭取曹魏东三郡，此役进展顺利，一举成功。

由此可见蒋琬所提出的水路伐魏是有一定可行性的，只是可惜朝中官员大多以为该计太过冒险，如不能胜撤退甚难，不是上策，于是朝廷派尚书令费祎、中监军姜维来汉中，试图劝阻蒋琬，再加上蒋琬恰好在此时旧疾发作，于是水路伐魏的大计就被搁置了。蒋琬上疏给后主刘禅认为："凉州地势险要，进退有资，羌胡人心存汉室，昔日以偏军入羌，郭淮破走，算其长短，应该是首要的事情，宜用姜维为凉州刺史，姜维出军西北，我当率军后继，而涪县水陆通达，万一东北有变，应付不难。"蒋琬于是进驻涪县。

蜀汉延熙七年（244），蒋琬病情日渐加重，于是"固让州职"，后主遂任命费祎为益州刺史。蒋琬从大局出发，为确保蜀汉政局稳定，提前将权力过渡给大将军费祎,也就是诸葛亮生前指定的第二任接班人，而此时费祎所实际掌握的权力其实已经超过蒋琬。从这点来看蒋琬确实心胸宽广，目光远大，不慕私利，不计较个人得失，这种公而忘私的做法着实让人敬佩。蜀汉延熙九年（246），蒋琬病逝，谥号曰恭。

蒋琬的一生虽没有大起大落，但也算是跌宕起伏。他弱冠时便已知名于世，任县长时怀才不遇，荒废政事，却被诸葛亮所赏识；刘备去世之后被诸葛亮重用，主管北伐后勤，足食足兵以相供给；诸葛亮去世之后成为蜀汉执政者，在任十二载，于此期间恢复生产，稳定内部，使得蜀汉经济复苏，国泰民安，一派繁荣景象。蜀汉之所以在诸葛亮去世之后仍能延续 29 年，这与蒋琬的贡献是分不开的。这样一位出色的蜀汉精英却被历史所埋没，岂不可惜!

鲁肃

LU SU

被误读千年的
三国智者

受《三国演义》影响，鲁肃总给人一种忠厚老实的感觉，甚至很多人都认为他什么事儿都干不了，是个非常窝囊的人，可历史果真如此吗？大家都知道，罗贯中先生是尊刘贬曹的，尤其为了神话诸葛亮智慧高大的形象，不惜黑化其他人，而鲁肃正是被严重黑化的一个人。

罗贯中为了达到以刘备为正统的目的，甚至杜撰出了鲁肃几次三番讨要荆州都被诸葛亮用言辞怼得无话可说的场景，其显然就是一个很无能的人。可其实历史上的鲁肃却是一个智勇双全的人，堪称一代英杰！

鲁肃字子敬，是今安徽人，他出生于豪门大家，在当时算是个富商。东汉末年，宦官专权，横征暴敛，民不聊生。在此期间又爆发了黄巾起义，正所谓官逼民反，民不得不反，无数农民高举义旗，铤而走险，东汉王朝受到毁灭性的打击。各地封建割据势力也以讨伐黄巾军为由不断扩大，群雄四起，天下大乱。在这种时候，鲁肃本该好好治家，可他不仅不治家事，反而大量施舍钱财，卖出土地，以周济穷困，结交贤者，为此深受乡民拥戴。这充分说明鲁肃是一个慷慨豪爽之人。

当时周瑜任居巢长，由于连年战乱部队没有粮食吃，他听说了鲁肃的名声后就带数百人前去拜访，希望鲁肃能资助一些粮食。当时，鲁肃家里有两个圆形大粮仓，每仓装有 3000 斛米，周瑜刚说出借粮之意，鲁肃便毫不犹豫地指着其中一仓粮赠给了周瑜。这 3000 斛米相当于现在的多少呢？东汉时期的一斛约等于现在的 27 斤，可见 3000 斛米是多么庞大的数字，可是鲁肃却果断地赠送给了初次见面的周瑜，其胸襟可见一斑！经此一事，周瑜确信鲁肃是一个与众不同的人，主动与他相交，两人建立了牢不可破的朋友关系。试想鲁肃与周瑜初次见面，彼此之间没有任何交集，在这种情况下鲁肃都能将自己一半的财产送给周瑜，这是需要胆识和魄力的。换位思考，想必能做到这一点的人屈指可数吧！这也是周瑜会格外欣赏鲁肃的原因。

当群雄相互争夺的混战将要扩展到鲁肃家乡时，为了避害，鲁肃举家迁居东城。当时的东城是袁术的辖地。袁术闻鲁肃之名，请他出任东城长。鲁肃发现袁术部下法度废弛，不足以成大事，率百余人南迁到居巢投奔周瑜。南迁时，他让老弱百姓在前，自率敏捷强悍的青年在后。袁术得知鲁肃迁居，急速赶来阻拦。鲁肃排开精壮人等，张弓搭箭，对追兵说："你们都是男子汉，应该明白大势。方今天下纷纷离乱，有功，得不到赏赐，有过，也受不到责罚，为何要逼迫我呢？"说着，命人将盾牌立在地上，远远开弓射去，箭把盾牌都射穿了。追兵一方面觉得鲁肃的话有道理，一方面估计凭自己的力量也奈何不得他，只好退回。鲁肃顺利到达居巢。

可以说鲁肃的这一表演堪称精彩绝伦，既以言辞动摇对方，同时又以武力威慑对方，恩威并施，文武并用，真有大将之风！遗憾的是大多数人受《三国演义》影响颇深，误以为鲁肃只是一个老好人，对他的出众才能视而不见，哪里料到此人不仅辩才过人，还箭法精准，堪称文武双全！

鲁肃到达居巢后不久，周瑜东渡长江，投奔孙策，鲁肃与他同行，把家属留在了曲阿。见到孙策后，孙策很赏识鲁肃。后来，鲁肃的祖母去世，他回东城去办理丧事。这时鲁肃的朋友刘子扬劝鲁肃投奔郑宝，郑宝这个人史记记载不多，《三国志》里也没有传，想必不是什么厉害人物。可是在孙策死后鲁肃却想要去投奔郑宝，这说明鲁肃并不看好只有 18 岁的孙权。当时东吴局势不稳，内忧外患，也难怪鲁肃宁愿选择没什么名气的郑宝，也不愿意辅佐孙权。

鲁肃决定之后就去向周瑜辞行，周瑜却建议他留下，并说道："方今天下大乱，四海纷扰，非但君择臣，臣亦择君。更兼孙权聪明仁爱，礼贤下士，现在正是有志之士归附英杰的时代，相信以你的才华如果留在江东定能建功立业！"鲁肃听从了周瑜的建议留了下来，周瑜将鲁肃引荐给孙权，说他有才干，可为辅佐之臣。孙权立马召见鲁肃，并进行了一次非常有名的对话，史称《榻上策》。

孙权说道："今汉室倾危，四方云扰，孤承父兄余业，思有桓文之功。君既惠顾，何以佐之？"鲁肃答曰："昔高帝区区欲尊事义帝而不获者，以项羽为害也。今之曹操，犹昔项羽，将军何由得为桓文乎？肃窃料之，汉室不可复兴，曹操不可卒除。为将军计，惟有鼎足江东，以观天下之衅。剿除黄祖，进伐刘表，竟长江所极，据而有之，然后建号帝王以图天下，此高帝之业也。"孙权此时刚刚即位，年少气盛，但却面临诸多困扰，尚未安定人心，故而只能违心地说道："今尽力一方，冀以辅汉耳，此言非所及也。"

大家都知道，诸葛亮的《隆中对》作为刘备集团的治国方略名扬海内，家喻户晓，在此次谈话中诸葛亮更是提出了先三分后一统的战略规划，这非凡的历史时刻向来就被认为是孔明未出茅庐已定三分天下，从而体现出卧龙才智过人。可是与《隆中对》整体战略十分相似的《榻上策》却鲜为人知，再加上鲁肃的《榻上策》比诸葛亮的《隆中对》早了整整七年。东汉建安五年（200），曹操与袁绍正相持于官渡，局势还不明朗，可这时鲁肃就能率先预料到曹操将会成为北方霸主，江东难以与之抗衡，并提出了三分天下的战略蓝本。

东汉建安十三年（208），曹操率大军南下攻伐荆州，局势危如累卵。此时的诸葛亮刚刚出山一年，年仅28岁，尚无职权，面对曹操大军压境，年轻的诸葛亮想要联吴抗曹，却苦于没有门路。人常言："好事成双，祸不单行"，就在这千钧一发之际，荆州牧刘表却病死了，本来如果刘表还活着，那刘备一方可以减轻不少压力，可刘表突然死亡，留下一堆烂摊子，长子刘琦、少子刘琮又素不和睦，此时的刘备要独自面对曹军主力的疯狂进攻，实力悬殊，真是到了生死存亡之际。就在这危急时刻，鲁肃看清形势亲自过江以祭奠刘表为名刺探荆州虚实，按理来说江东跟荆州是有世仇的，当年孙权的父亲孙坚就是被刘表部将黄祖所杀，多年来两家也是争斗不断。可关键时刻鲁肃力劝孙权放弃私仇，以大局为重，联合刘备共抗曹操。

就在刘备集团被曹操打得狼狈逃窜之时，鲁肃找到刘备说明利害，主张联合抗曹，刘备当然求之不得，于是派诸葛亮过江与孙权谈判。世人只知诸葛亮临危受命，促成孙刘联盟，在赤壁打败了盛极一时的曹操，可是若论首功，鲁肃当之无愧！为什么这么说呢？试想在当时敌我力量悬殊并且一片投降论调的情况下，鲁肃能够力排众议，坚决主战，劝孙权放下仇恨，以江东之众联合走投无路的刘备，可以说做出这样的决策是很不容易的，究其根本是鲁肃看清了时局发展的趋势和天下大势，所以力主联刘抗曹。

赤壁大战之后，刘备和孙权两家趁曹操败走之际开始争夺地盘，此时刘备来到江东希望能借到荆州的南郡暂时安身，这就是所谓刘备借荆州的由来，其实不过是借南郡，并非是借整个荆州。这时江东文武大臣包括大都督周瑜在内全部主张软禁刘备以绝后患，只有鲁肃一个人从大局考虑建议孙权将南郡借给刘备，巩固孙刘联盟，可以说在当时如此有远见和大局观的人实属罕见。东汉建安十五年（210），一代儒将周瑜病危，临终之时举荐鲁肃接替自己，就这样鲁肃成为东吴第二任大都督。东汉建安十九年（214），刘备夺取了益州，势力扩大，孙权便要求刘备归还南郡，刘备当然不肯，孙刘联盟关系紧张，这时鲁肃与关羽邻界统兵，疆土犬牙交错，多次发生摩擦。

鲁肃为了大局，邀请关羽相见，提出各自将兵马布置在百步以外，只有将军们各带单刀赴会。鲁肃做出决定后，他部下将领怕出变故，劝鲁肃不要轻蹈险地。鲁肃毫无畏惧，他说："事到今日，应该把话说清。刘备辜负国家，是非尚未论定。关羽又能怎么样呢？"毅然赴会。这就是历史上有名的单刀赴会的由来，只不过罗贯中先生为了体现关羽的忠勇将这一光环强行加在他的身上，这显然对鲁肃是不公平的。

在会上，鲁肃数次指责关羽，义正词严，毫无畏惧之色，奇怪的是以关羽倨傲的性格面对鲁肃的责难却沉默不语，这与关二爷的形象极为不符，从此次谈话中可以看出鲁肃确实胆识过人，与罗贯中笔下近乎迂腐的形象形成鲜明对比。可惜精彩的单刀赴会并没有解决孙刘两家的根本矛盾，就在战争一触即发之际，曹操突然征讨汉中，刘备担心腹背受敌，于是和孙权讲和，两家以湘水为界平分荆州，至此孙刘罢兵，恢复联盟状态。

东汉建安二十二年（217），鲁肃病逝，年仅46岁，孙权亲自举办丧事，诸葛亮也为他举哀。由于鲁肃的战略主张一直以来和诸葛亮一致，故而鲁肃也是江东集团跟诸葛亮关系最要好的朋友。鲁肃中年去世，诸葛亮非常伤心，不仅为好友的去世感到伤心，更是为孙刘联盟的即将破裂感到伤心，因为继任的吕蒙并没有鲁肃这样的大局观，他一直主张消灭刘备，与曹操南北对峙，二分天下。诸葛亮深知鲁肃的去世预示着孙刘两家将很难再继续维持表面的和平，在这种情况下他又怎能不伤心呢？

鲁肃去世之后，孙权始终不忘他在东吴政权创立过程中所起的重要作用。东吴黄龙元年（229），孙权在称帝登坛祭天时，对公卿们说："过去鲁子敬早就料到会有今天，可谓明于事势矣。"看来当初鲁肃《榻上策》的一番话还是说到孙权心里了，只不过彼时孙权年少，面对内忧外患，深感彷徨无力，这才违心地说道"此言非所及也！"

可以说鲁肃的一生是不平凡的，他29岁投奔孙权献上《榻上策》，主张先三分后一统的战略规划；37岁力排众议主张联合刘备共抗曹操，39岁接替周瑜成为东吴的大都督；在他任上的七年时间，孙刘两家维持了表面的和平，鲁肃功不可没。

纵使千载光阴已逝，我们也应该穿越银河的倒影，拨开重重迷雾，去探索历史的本来面目，唯有如此方能学习历史人物身上的可取之处，从而获得真知灼见！

贾诩

JIA XU

三国毒士贾诩的生存之道

如果有人问我三国与其他朝代相比，最大的不同是什么？那我一定会毫不犹豫地回答"三国最特别的地方就在于短短数十年之内人才辈出，英豪云集，而且每一个人物都有着独一无二的性格特点，就连不为人所熟知的人物也往往起到至关重要的作用，总而言之，生活于三国时代的每一个人都不容忽视，他们都是特定条件下的特定产物！"想必光这一点历史上的任何朝代都无法与之相比，而贾诩就是不为人所熟知却又起到关键作用的三国第一毒士！

贾诩字文和，是今甘肃凉州人。其实贾诩早年并不出名，也很少有人把他当回事儿，但不得不说贾诩这个人最大的特点就是懂得自保，也很有一套自己的生存之道。试想在战火纷飞的三国乱世，他这样一个经常跳槽的文士居然得以寿终正寝，而且还活到 77 岁高龄，这在当时已经算是奇迹了！那么贾诩又是如何做到的呢？

贾诩原本是董卓的手下，后董卓被杀，王允清算董卓余党，打算尽诛凉州兵。这时候，董卓原先的部将李傕、郭汜等人内心恐惧，都打算各自逃亡，贾诩担心这样会危及自身利益，于是极力反对，并说道："听闻长安城中商议将凉州人斩尽杀绝，而诸位阁下抛弃属众独行，那么随便一个亭长就可以抓住你们，为今之计，不如带领部队向西，沿途收敛士兵，再进攻长安，为董公报仇，如果事情成了则可以奉国家以征天下，如果不成功到时候再跑也不迟！”看看多毒的一条计策，这应该就是挟天子以令诸侯最早的版本了。

东汉初平三年（192），李傕等人采纳贾诩的计策，联络凉州诸将，率军昼夜兼程，奔袭长安，及至长安城下，已聚合十余万之众。李傕等围攻长安城，吕布兵败，仅率百余骑出逃。李傕等纵兵掳掠，吏民死者万余人，尸积满道，司徒王允被害。李傕等又威逼献帝为其加官晋爵。一时间，京城腥风血雨，朝野大乱，百姓流离失所，易子而食，而造成这一切的始作俑者乃是名不见经传的贾诩，可以说他的这一计谋直接加速了大汉王朝的衰亡！

李傕等以贾诩之功欲封其为侯，贾诩说：“这是保命的计谋，哪里有什么功劳？”坚决不受。李傕等又让贾诩为尚书仆射，贾诩说：“尚书仆射是百官的师长，天下的榜样，我贾诩一向没什么名望，难以服人。就算我能贪享荣华，对国家又有什么好处？”于是改拜贾诩为尚书，掌管选拔人才。贾诩几次三番辞官不受，其实这正是他的高明之处。贾诩心里明白，自己罪孽深重，如果再官居要职，不低调行事，那势必会成为全国公敌，到时候想全身而退只怕都不可能。

东汉兴平二年（195），李傕、郭汜等人互相猜忌，争权夺利，多次打斗。这不禁让我想起了孔子曾经说的一句话“君子和而不同，小人同而不和！”李傕等人便是不折不扣的小人，一切以利益至上，全然不顾大局，败亡也是迟早的事。贾诩想必也看到了这点，于是就在二人罢兵之时，贾诩上还印绶离去。

当时将军段煨和贾诩同郡，贾诩于是便去投靠他。贾诩向来知名，为段煨军所敬服，段煨担心贾诩夺其兵权，但是在表面上对贾诩十分礼遇。贾诩发现后，心不自安。南阳张绣与贾诩暗中有来往，张绣便派人去迎接贾诩。贾诩临行时，有人问他："段煨待你这么好，你为什么还要离开呢？"贾诩回答："段煨生性多疑，对我有猜忌，我待久了一定会被他所害，现在我要离去他一定很高兴，又指望我连接外援，一定会善待我的家人。而张绣缺乏谋士，也很愿意得到我，这样我和我的家人都能得到保全！"贾诩到达张绣处，张绣果然大喜，对他"执子孙礼"，而段煨知道贾诩离去，也果然善待他的家人，一切皆如贾诩所料，分毫不差，真是不得不佩服贾诩审时度势以及高超的明哲保身本领！

汉献帝建安二年（197），曹操征伐宛城张绣，张绣率众投降。曹操不费一兵一卒就收降了张绣，难免有点得意忘形，此时曹操做了一个足以让他悔恨终生的事。曹操听说张绣的婶娘邹氏是个绝色美女，便私自非礼了邹氏，张绣得知此事后认为曹操是在羞辱他，心里多生怨恨。曹操此时正处于飘飘然的状态，每日与邹氏取乐，不理政事，听说张绣对此不满后，便打算一不做二不休直接将张绣杀掉，结果消息走漏。张绣内心恐惧，贾诩便献计道："为今之计，不如趁曹军无备，以士兵换岗为由进行反叛，准能得胜！"

就是因为贾诩的这句话，宛城之战便成为曹操一生中损失最为惨重的一次战役。由于曹军毫无防备，张绣大胜，在此次战役中，曹操的第一顺位继承人长子曹昂战死，爱侄曹安民被杀，猛将典韦遇难，而时年9岁的曹丕乘马逃脱。可以说此次战役是奸雄曹操一生的痛，同时也创下了史上代价最大的一夜情事件。汉献帝建安三年（198），曹操再次南征张绣，由于后方有变，曹军临时撤退，在撤退过程中，张绣采纳贾诩的计谋再次将曹操打败。一代军事奇才曹操用兵有法，可遇到贾诩却束手无策，一败再败，贾诩真不愧是曹阿瞒的克星！

汉献帝建安四年（199），袁绍派人招降张绣，并与贾诩结好。张绣准备同意，可一旁的贾诩一口回绝，并说道："袁本初连自己的兄弟都不能容，难道还能容纳天下的豪杰吗？"说罢就将使者给轰了回去。这时一旁的张绣早已吓得面色苍白，说道："袁绍现今是天下最大的诸侯，我们得罪了他可如何是好呢？"贾诩却力主投降曹操，张绣还以为自己听错了，说道："我们跟曹操有如此深仇大恨，他会接纳我们吗？"

贾诩十分自信地说道："现在曹操和袁绍对峙官渡，战争一触即发，曹操虽实力弱小但却志向远大，知道我们归顺他一定会不计前嫌重用我们的！"张绣于是率众归降曹操。曹操果然大喜，既往不咎，还拉着贾诩的手说道："使我的信誉扬于天下的人就是你啊！"于是封贾诩为都亭侯，极为宠信，看来此次贾诩押宝又成功了！在袁曹实力悬殊的情况下，且与曹操有隙，贾诩都敢冒险投降曹操，这种识人的眼光可见一斑。只不过后来张绣才明白自己又被贾诩给算计了，这看似高明的决策其实只是贾诩为自己考虑罢了，并没有真心为张绣谋划，这正是毒士的可怕之处！

贾诩投降曹操后，屡有献言，曹操也将其视为心腹。东汉建安十六年（211），以马超、韩遂为首的十部联军，聚集十余万人马，据守潼关抵抗曹操。由于马超勇不可当，曹操一度战败，甚至被逼得割须弃袍才逃得一条生路。此时曹操问计于贾诩，贾诩建议用离间计挑拨马超和韩遂的关系，曹操采纳，果然打败了马韩联军，名震一时。

其实贾诩最难能可贵的就在于他有自知之明，无论在任何时候都对时局有清晰的认识和把控，他深知自己身份尴尬，并非曹操旧臣，却策谋深长，所以怕曹操猜疑，于是采取自保策略，闭门自守，从不结交朝臣，更不与宗室来往，子女婚嫁也不攀结权贵，一副孤家寡人的状态！

东汉建安二十二年（217），曹操尚未立太子，长子曹丕为五官中郎将，而临淄侯曹植才名方盛，曹操颇有废长立幼的想法，只是还拿不定主意。曹丕内心恐惧，求教于贾诩。贾诩说道："但愿将军能够弘扬道德，培养气度，实践士人的责任和义务，勤勤恳恳，孜孜不倦，不做违背孝道的事情就可以了。"这话乍听起来怎么都像是在打官腔，是属于说了等于没说的废话。可细细琢磨才发现贾诩话中的深意，贾诩是在暗示曹丕以不争为争，不要急于求成，只做好自己的本职工作就可以了，真是好一套制胜法典！

曹丕于是采纳贾诩的建议，从此谦卑恭谨，行事低调，刻意磨炼自己。后来曹操就继承人一事咨询贾诩，贾诩却闭口不答，曹操问他为何不说话，贾诩若有所思地说道："我在想袁绍和刘表的事情啊！"曹操听完大笑，于是立曹丕为太子。（请注意袁绍和刘表二人都是因为废长立幼，导致兄弟争斗于内，诸侯虎视于外，两家基业都因此而葬送，贾诩说此话是在暗示曹操万不可废长立幼，从而暗助了曹丕。）

其实贾诩这看似简短的一句话却是隐含玄机的，以曹操多疑的性格，不论贾诩的回答是曹丕或是曹植，曹操都会心生疑虑。于是贾诩以袁绍和刘表为例暗示曹操，如此既打消了曹操的疑虑，同时又达到了进言的目的，可谓一举两得。贾诩高深莫测的智慧确实值得我们学习！

曹魏黄初元年（220），曹丕即位，为报贾诩之恩，拜贾诩为太尉，位列三公。黄初四年（223），曹丕想要一统天下，问计于贾诩，贾诩建议先治理好国家再动武，曹丕不听，征吴果然无功而返。同年六月，贾诩去世，享年77岁，谥号肃侯，寿终正寝！与之相比，当初被贾诩忽您投降曹操的张绣就没有这么好命了，曹丕即位后想到张绣当年害死了自己的大哥曹昂，便觉得心里不舒服。曹丕是一个睚眦必报的人，他没有曹操那样宽广的胸怀，没过多久，他就以各种理由将张绣逼死，只怕张绣到死都不知道自己是怎么死的，这再一次印证了“智商的差别往往也是人生的差别”一语！

纵观贾诩传奇的一生，他的生存之道总结起来不过一句话，那就是“只要自己能够活着，其他都是浮云！”这个自保理念在乱世也不能说错，但是与其他“豪气干云，舍生取义”的英雄相比，贾诩总显得不够伟大，甚至还有点卑鄙。他为了自保，不顾天下安危，使得无数百姓枉死的行为更是不齿于天下,但恰恰就是这样一个无底线的人却得以善终。他一生算无遗策，从未失手，游走于董卓、李傕、段煨、张绣、曹操和曹丕之间安然自若,只可惜如此高超的智慧和权谋却仅仅用于个人生存，而不是天下大事上，这未免显得渺小和可惜了！

总的来说，贾诩算不上是忠臣，更谈不上是孝子，可他却能在以忠孝治天下的东汉游刃有余，寿终正寝，这的确是他的过人之处。贾诩三国第一毒士的称号可谓名副其实！以古论今，我们在看待历史的同时也应该学习贾诩身上的可取之处，在必要时刻谦虚谨慎，不能锋芒外漏，这大概是贾诩教给我们最接地气的生存之道了吧！

司马懿

SIMA YI

隐忍的老虎司马懿

一提起司马懿，很多人都不以为然，认为他是阴险歹毒之人，颠覆了曹魏的江山，实非君子之所为！那这里有一个疑问：三国乱世人才辈出，司马懿论治国不如诸葛亮，论计谋不如郭嘉，论人品不如崔琰，论狠毒不如贾诩，论文采不如陈琳。可恰恰就是这样一个在诸多方面都属于中等偏上的人却笑到了最后，并开创了司马家的天下，这又是为何呢？

要弄清楚这个问题首先得了解司马懿的处世哲学，我认为这一切只得益于两个字，那就是“隐忍”！司马懿可以说将“隐忍”二字做到了出神入化的地步，如果现在要评选诺贝尔隐忍奖，那一定非司马懿莫属！

司马懿字仲达，是河南温县人，祖上很多人都做过西汉的大官，是有名的望族。想必出生于拥有如此耀眼背景的官宦之家，司马懿想不被关注都难！东汉建安六年（201），曹操听说司马懿的名字后便征召他为官。按理来说，司马懿的父亲司马防、长兄司马朗都在曹操处当官，那司马懿也应该答应曹操的征召，以谋求晋身之位。

可是司马懿偏偏喜欢耍酷，不按常理出牌，认为曹操的出身不好，是宦官养子的儿子，跟随曹操会辱没司马家的名声，再加上当时正处于袁曹官渡之战期间，局势尚不明朗，抱着投机心态的司马懿担心贸然答应会将自己置于危险境地，于是年仅 22 岁的他以患有风痹症为由拒绝了曹操的征召。这曹操又岂是好惹的，三番两次派探子去刺探司马懿是真病还是假病，年轻的司马懿也知道曹操不会轻信自己，于是便每天躺在床上好像一副生活无法自理的样子，全府上下除个别亲近的人外居然都被司马懿瞒过，以为他是真的病了。

有一次曹操派的探子趁傍晚时分径直走到司马懿床前，用剑指着司马懿，一副要把他头砍下来的架势。刺客认为司马懿一介书生，如果没有患病，那他肯定会吓得从床上跳起来，可司马懿偏偏不是一般人，他只抬眼看了下刺客就继续睡了，动也不动，刺客没有办法只好回禀曹操司马懿是真的病了。曹操此时正和袁绍对峙官渡，生死存亡之时，虽然心中仍有疑虑，但也没有多余的时间花在这上面，便暂时放过了司马懿。

司马懿在床上这一躺就是整整七年，人生最美好的七年时光都在床上度过岂不可惜？试想一个 20 来岁的年轻人居然这样沉稳坚韧，如此耐得住寂寞，受得了孤独，确非常人之所为！东汉建安十三年（208），曹操彻底消灭了河北袁氏宗族，统一了北方。这时位居丞相的曹操再次想到了司马懿，于是第二次征召司马懿为官，并说如果他还是推脱就将他绑来。已经 29 岁的司马懿内心恐惧，这才结束了七年的装病生涯，去曹操府报到。虽然司马懿决定出仕，但是曹操内心并不信任他，认为司马懿有狼顾之相，野心极大（所谓狼顾之相指的是司马懿脖子不动，脑袋就可以向后转到 180 度，这种特异功能放到今天完全可以申报吉尼斯世界纪录了）。曹操也因此想要除掉司马懿，永绝后患，但由于司马懿平时和世子曹丕交好，这才保了一命。曹操经常告诫曹丕："司马懿非人臣，必预汝家事！"意思是说司马懿不是甘为人下的人，将来肯定会干涉你家族中的事。只可惜曹丕并没有当回事，依旧信任司马懿，居然还把曹操的话告诉了司马懿。

司马懿得知后不禁毛骨悚然，冷汗直流，于是继续发扬"隐忍"的功底，也就是俗称的"装孙子"。司马懿开始废寝忘食地工作，一副公而忘私的表现，这才逐渐打消了曹操的疑虑。不仅如此，司马懿还将曹操交代的每一件事都刻意做到不好不坏，中等水平，坚守不出风头、不出错的两大原则。如果一个人把事情做好或做坏都不难，难的是把每一件事情都细心琢磨并做到不好也不坏，让老板挑不出刺，这种人才是最可怕的，而司马懿恰恰是这种人，所以终曹操一世司马懿一直默默无闻，鲜为人知。司马懿咸鱼翻身是在曹操死后曹丕即位之时。

东汉建安二十五年（220），曹操病逝，世子曹丕继承王位，同年篡汉称帝，改元黄初。此时司马懿的境遇也大大超过了从前，一向谨小慎微的他终于可以暂时卸掉伪装的包袱，享受下正常人的生活。可惜曹丕短命，仅仅当了七年皇帝就病重身亡，临终之时遗诏司马懿等四位辅政大臣辅佐太子曹睿，也就是魏明帝。

曹魏黄初七年（226），曹睿即位，司马懿以辅臣的身份官至骠骑将军，掌握军权。曹魏太和五年（231），蜀汉宰相诸葛亮第四次北伐，兵围祁山，司马懿奉命防御蜀军。此次战役的结果究竟如何？据《汉晋春秋》记载："诸葛亮力挫魏军"，于是司马懿采用坚守不出的政策消耗蜀军。果然没过多久，蜀军就粮尽退军，司马懿命张郃率军追击，结果被射杀于木门道。张郃之死当是司马懿铲除障碍，借刀杀人所致。

曹魏青龙二年（234），诸葛亮最后一次北伐，与司马懿对峙五丈原，司马懿再次采用坚守不出的战略消耗蜀军，同年八月，诸葛亮病逝，蜀军撤退！司马懿此刻终于迎来了自己的春天，一生中最大的一个对手去世，那以后还有谁能阻挡他前进的步伐呢？曹魏景初三年（239），年仅36岁的魏明帝曹睿纵欲过度，一病不起，临终之时立8岁的养子曹芳为太子，并托孤于司马懿和曹爽二人。此时主少国疑，内忧外患，手握大权的司马懿终于等来了机会，再加上之前曹丕留下的四大辅臣中除司马懿外全部去世，这天下恐怕再也无人能驾驭司马懿了！

年幼的曹芳继位后，根本没有处理政务的能力，大权都掌握在两位辅臣的手中。曹爽虽说是皇族，但年轻气盛，论能力、资格都跟司马懿差得远。开始的时候，他不得不尊重司马懿，有事总听听司马懿的意见。可后来曹爽想要独揽大权，便用魏帝的名义提升司马懿为太傅，实际上是夺去他的兵权。接着，曹爽又把自己的心腹、兄弟都安排了重要的职位。司马懿看在眼里，装聋作哑，一点也不干涉。

曹爽大权在手，就寻欢作乐，过起荒唐的生活来了。为了树立他的威信，他还带兵攻打蜀汉，结果被蜀军打得大败，差点全军覆没。司马懿表面不说，暗中自有打算，干脆推说有病，不上朝了。曹爽听说司马懿生病，正合他的心意。但鉴于司马懿有装病的前科，曹爽还是有点不放心，就想打听一下他这次生的是真病还是假病。

有一次，有个曹爽亲信的官员李胜，被派为荆州刺史。李胜临走的时候，到司马懿家去告别。曹爽要他顺便探探情况。李胜到了司马懿的卧室，只见司马懿躺在床上，旁边两个使唤丫头伺候他吃粥。他没用手接碗，只把嘴凑到碗边喝。没喝上几口，粥就沿着嘴角流了下来，流得胸前衣襟都是。李胜在一边看了，觉得司马懿病得实在是可怜。

司马懿还推心置腹地拜托李胜，请李胜好好地照顾他的儿子司马师和司马昭。司马懿的这场表演非常出色，李胜竟都信以为真。李胜回去将其所见所闻详告曹爽，并说："司马公言语错乱，指南为北，已经形神离散，不过是具尚有余气的尸体，不足为虑了。"曹爽等听后，非常高兴，更加肆无忌惮了。他们做梦也没想到，"重病在身"的司马懿正在紧锣密鼓地策划着一场政变。

曹魏正始十年（249），曹爽兄弟按照早已安排好的日程，陪伴魏帝曹芳前往高平陵祭祀。这次曹爽外出，司马懿认为千载难逢的机会终于来到，于是结束了两年零八个月的装病生涯，以迅雷不及掩耳之势发动了政变，接管控制了曹魏政权。过了几天，就有人告发曹爽一伙谋反，司马懿派人把曹爽一伙人全部下狱处死。这样一来，魏国的政权名义上还是曹氏的，实际上已经转到司马氏手里。

曹魏嘉平三年（251），已经73岁高龄的司马懿与世长辞，长子司马师、次子司马昭先后承袭爵位，把控朝廷。司马懿死后14年，曹魏咸熙二年（265），魏国的最后一位皇帝曹奂被司马懿之孙司马炎逼迫，禅位于司马炎，这才有了晋朝的天下。不得不说在司马氏夺权的过程中司马懿起到了至关重要的作用！

纵观司马懿传奇的一生，真是将"隐忍"二字的作用发挥到了极致。他两次装病麻痹领导、对手和敌人，在床上躺了将近十年的时间换来了一朝掌权，每每于关键时刻隐藏自己的实力与野心，消除对方的戒备心理，等到时机成熟便给予对手致命一击。他出手狠辣果决，无丝毫犹豫，以平和隐忍的心态熬死了曹操、曹丕、曹睿、曹真、曹休和陈群等人，可以看出司马懿是把有点儿本事的人都给熬死了，这才等来了机会！他用一生的等待和隐忍为子孙建国奠定了坚实的基础，使得热闹的三国重归一统！

从司马懿一生的经历中可以了解到，他的处世哲学不过“隐忍”二字，可正是这两个字成就了他！正所谓忍常人所不能忍，方能成常人所不能成之大业！司马懿这只隐忍的老虎可谓名副其实！

周不疑

ZHOU BUYI

因才遭惮的三国神童

一提起三国神童，恐怕所有人的第一反应都是曹冲，因为曹冲称象的故事实在是家喻户晓，妇孺皆知，而曹冲也成为神童的代名词。可是同样身为神童的周不疑却鲜为人知，很少有人关注，那周不疑又是怎样的一位神童呢？

周不疑字元直，零陵人。乃是荆州别驾刘先的外甥。据载，不疑幼有异才，聪明敏达，原先刘先打算让周不疑跟随荆州大儒刘巴学习，被刘巴婉拒。汉献帝建安十二年（207），曹操挥师南下，打算一统天下，刘表之子刘琮畏惧，举州投降，曹操平定荆州，实力大增。此时作为刘先外甥的周不疑自然也投归曹操，来到许都。

周不疑来到许都之后，和曹冲关系很好，两个神童在一起，又年龄相当，曹操见了也很高兴，甚至想将自己的女儿许配给周不疑，只不过周不疑以不敢当婉拒了曹操。曹操见自己的爱子曹冲跟周不疑关系很好，也是打从心里器重周不疑，打算在自己百年之后将大位传给曹冲，并让周不疑辅佐曹冲。如果照此趋势发展，那周不疑将有大好的前程，历史也要改写。可惜天不遂人愿，汉献帝建安十三年（208），许是天妒英才，年仅 13 岁的曹冲突生重病，不治身亡。

曹冲夭亡之后，曹操悲痛欲绝，万念俱灰，想到自己最中意的接班人亡故怎能不肝肠寸断？而由于曹冲的早逝，此时曹操看待周不疑的眼光就变了，每次曹操一见到周不疑就会想到自己的儿子曹冲，时间久了心态自然会发生改变。再加上周不疑所展现出来的才华也让曹操深为忌惮，甚至打算将周不疑除掉。那么曹操打算以曹冲为嗣，并让周不疑辅佐有何证据呢？据《三国志》记载："太祖爱子仓舒，夙有才智，谓可与不疑为俦。及仓舒卒，太祖心忌不疑，欲除之。"由此可见曹操本来是欲以天下之事相托周不疑，可惜造化弄人，计划终究赶不上变化。

曹操之子曹丕认为天下大乱，周不疑才智过人，应为国家所用，于是谏阻曹操斩杀周不疑。谁想曹操不仅不纳曹丕之言，还骂道："周不疑非汝所能驭也！"曹操的意思不言而喻，如果是曹冲倒也罢了，但是你们兄弟几个根本就不是周不疑的对手，无法驾驭他，倒不如提前防患于未然，除掉这潜在的威胁。于是曹操最终派刺客暗杀了周不疑，不疑死时年方十七。

可能有人会问周不疑不过是个少年，他到底有着怎样的才能以至于让一代奸雄曹操忌惮到如此地步？史书上记载说周不疑幼有异才，这个异才很值得推敲，据《三国志》记载："不疑年十七，著文论四首。"这个听起来好像指的是文采方面，是说周不疑文学造诣很高，可是如果周不疑单单只是个吟诗作赋的文人，就像陈琳、王粲一样，那想来曹操也不会对他如此忌惮。恐怕周不疑不仅有异才，还有异智。

按理来说周不疑当时一非皇室，二没军权，就是说到名声也没有什么人知道。可是曹操竟然怕皇位会被他抢了，还指名道姓说曹丕都不是他的对手！可想而知周不疑的本事有多吓人！

关于他的军事才能，据《零陵先贤传》记载："曹操攻柳城不下，图画形势，为难计策，周不疑进十计，攻城即下也！”这也就是说在曹操攻打柳城的时候周不疑献上十条计策，城即破。试想曹操一生戎马，征战无数，其军事才能也是广泛受到认可的，可是就在曹操都束手无策的时候，年仅 16 岁的周不疑却想出十条计策，帮助曹操成功破城。想必当时曹操的心里一定十分震撼，这个周不疑小小年纪就有如此才能，那长大了还了得，也难怪曹操会对他十分忌惮了！

虽然这件事情卢弼是持怀疑态度的，他认为十余岁的童子缘何会从军，以此断定此事并非史实。可是古代人都普遍早熟，十三四岁就上战场的也不在少数，此时周不疑已经 16 岁，身在军营也并非不可能。退一万步来讲，就算此事是后人附会上去的，那前提是周不疑必定在这方面是有出众的才华和能力，那后人才会以他的名义附会上去。

周不疑天纵奇才却少年亡故，这看似是由于曹操对他才能的忌惮所引起的,可实际上也是周不疑锋芒毕露,不懂明哲保身之道所引发的悲剧。自古以来就有所谓“天妒英才”的说法，可是有的时候并非是“天”妒，而是“人”妒，有些悲剧看似意外，却实则早已注定了。

一般处处表现自己才能的人都会遭到他人嫉妒，从而被人陷害，英年早逝。这样的事例自古以来就不胜枚举，周不疑早年由于战乱而进入许都，他该知道自己所面对的是一个猜忌心很重的雄主，那他平日本应低调行事，收敛锋芒，尤其是在曹冲过世之后，更应谨小慎微，学习司马懿的韬晦之术，抑或选择退隐，远离许都是非之地，从而保全自身。可他年少气盛，并没有这样做，许是内心的不甘让他继续留在朝堂。

说到底，周不疑不过是一个十多岁的少年，即便他有过人的才智也依然按捺不住一个少年轻狂的心，这是几乎所有年轻人都存在的通病，又怎能轻易藏锋，由此看来周不疑之死真是不可避免的了！

第二篇

忠义篇

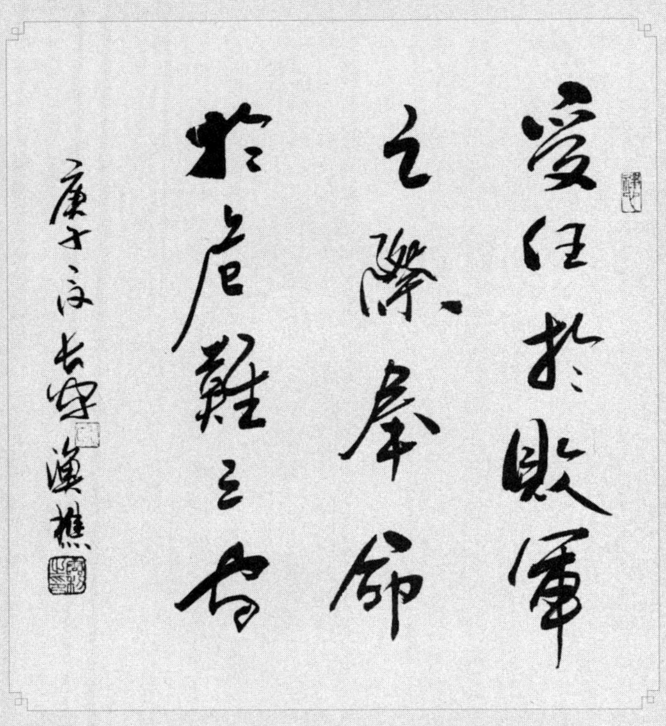
受任於敗軍之際奉命於危難之間
庚子冬长安
漢樵

黄权

HUANG QUAN

三次易主为何还被称为忠臣？

《三国演义》作为中国古典四大名著之一而广为流传，同时也对社会产生了深远影响，可它毕竟只是小说，不是正史。那么三国究竟是一段怎样的历史呢？在我看来，三国是一段集中体现“忠义”二字的历史时期，例如义薄云天关云长、浑身是胆赵子龙、鞠躬尽瘁诸葛亮，以及一心向汉荀文若，他们无不以义为先，忠肝义胆，三国正因他们的存在而光芒万丈。

在这段时期，忠臣不事二主的思想可谓根深蒂固，但在攻城略地之时自然也有好些文臣武将迫于形势弃暗投明最终建功立业，例如曹魏五子良将的张辽，蜀汉大将军姜维都是属于这一类，可他们无疑是忠臣良将。然而更多投降的人则是背负骂名的，例如晚节不保的于禁，晚景凄凉的糜芳以及卖主求荣的张松，他们的行为为世人所不齿，结局也甚是悲惨，起码在当时看来苟且偷生不如舍生取义。可偏偏有这么一个人，曾经三次易主却还是被人称为忠臣，他就是黄权，那这又是怎么回事呢？

黄权字公衡，早年是刘璋属下，担任主簿，负责起草文件，也协助政府官员制定政策。黄权制定政策常常效法西汉名臣汲黯，以至于吏不容奸，人怀自励，盗贼不起。黄权这么一弄，虽然老百姓都很喜欢他，可是那些官员却很讨厌他，于是跟刘璋告状说黄权这个人太严苛。刘璋找到黄权说道："水至清则无鱼，人至察则无徒，你把政策定得那么严干啥？"

黄权不紧不慢地说道："政宽则民慢，慢则纠之以猛。猛则民残，残则施之以宽，宽猛相济，政是以和。"意思就是说只有严刑峻法，令行禁止才能治理好国家，而不能靠小恩小惠。刘璋看黄权不听自己的，就把他调离中央。汉献帝建安十六年（211），汉中张鲁寇边犯境，刘璋一向懦弱，没了主意，这时别驾张松劝刘璋迎接刘备入蜀抵挡张鲁，同时他还联络了法正、孟达等为内应，意欲卖主求荣，这是引狼入室的计谋。按理来说刘璋应有所察觉，可是刘璋却轻信了张松之言，邀请刘备率军入川抵御张鲁，如此不明事理的行为堪称饮鸩止渴。

就在刘璋决定邀请刘备入川之时，黄权急忙谏止此事。据《三国志》记载，黄权对刘璋说道："左将军素有骁名，今请到，欲以部曲遇之，则不满其心，欲以宾客礼待，则一国不容二君。若客有泰山之安，则主有累卵之危。可但闭境，以待河清。"通俗点是说刘备不是什么善茬，请神容易送神难，你把他请过来只怕你就危险了。黄权的这番话有理有据，完全是站在刘璋立场上分析的。试想如果刘璋听从黄权所言，那历史就要改写了。可是历史没有如果，刘璋一意孤行，不纳黄权之言，执意迎接刘备，并且将黄权贬官为广汉县令。其实当时劝谏刘璋的不止黄权一人，蜀中也不乏忠义之士，比如名将张任就曾多次谏阻，从事王累更是将自己倒挂于城楼之上，以死相谏，最后割断绳索坠地身亡。

每当我看史书看到此处的时候，心中都会有一个疑问，纵使刘璋再怎么无能也应该不会面对众人的劝谏无动于衷，他之所以执意邀请刘备入川是另有打算。刘璋的如意算盘是让刘备率军挡住张鲁，如果赢了那就把汉中送给刘备作为战利品，等到这个时候刘备损兵折将，也就没有力气再去进攻西川了；如果打败了，那刘备和张鲁两败俱伤，他就更不会觊觎益州了。刘璋的想法看似无懈可击，其实只是一厢情愿，他没有想到如果刘备不听他的不打张鲁又当如何？

刘备率军入川之后，果然如黄权所料大军行至葭萌关就不动了，在那里驻军收买人心，而后反攻成都。汉献帝建安十九年（214），刘璋开城投降，刘备历经三年的取川之战终于取得圆满胜利，此时益州的文臣武将大多都投降刘备，只有黄权闭门不出，无意出仕。刘备一向求贤若渴，亲自登门邀请黄权共图大业，并将黄权的官职连升三级，黄权深受感动，这才投入刘备麾下。

刘备和黄权一开始相处也算是君臣相得，黄权还设计帮助刘备铲除豪强、安抚百姓，抑制土地兼并，让百姓耕者有其田。汉献帝建安二十年（215），曹操举兵南征张鲁，张鲁败逃巴中，黄权向刘备进言："如果失去汉中，则三巴之地就会受到威胁，这就割去了蜀地的大腿与臂膀。"于是刘备率军进入巴中，随后发动汉中之战，攻杀曹操帐下名将夏侯渊，占领汉中。人们只知道攻取汉中主要依靠法正的谋略，却不知道这些计谋都是黄权首先替刘备想出来的。

蜀汉章武元年（221），刘备于成都称帝，决意兴兵伐吴，夺回荆州，为关羽报仇。黄权认为吴军精通水战，民风彪悍，不是那么容易对付的，坚决反对刘备伐吴。可是刘备此时已经被仇恨冲昏了头脑，不纳黄权之言。黄权又说："如果陛下执意伐吴，那请让臣为先驱部队，打探敌方虚实，陛下坐镇后方即可。"刘备依然不听，并且派黄权带兵抵御魏国，防止其趁火打劫。

蜀汉章武二年（222），刘备在夷陵被陆逊打得大败，血本无归，无数精英更是死于此次战乱，刘备率残部退回白帝城养病。此时病榻上的刘备后悔不纳黄权忠言，以致惨败。吴蜀交恶，陆逊截断归路，黄权无法返回蜀地与刘备会合，但又不想投降吴国，万般无奈之下只得率兵投降魏国。魏文帝曹丕认为黄权才华不错，便给他了个官当。

黄权降魏之后，谣言四起，说是刘备已经将其全家问罪处斩。这时曹丕便“好心”要给黄权家人发丧，黄权说道：“我与刘备、诸葛亮推心置腹，坦诚相待，他们绝不会害我家人，这定是谣传。”于是拒绝发丧。不久，蜀中传回消息，黄权家人果然安然无恙，与黄权所料不差。其实黄权逃到魏国之初，确实有人建议刘备将黄权全家处死，刘备说道：“当初是我对不起黄权，黄权并没有对不起我。”于是善待黄权家人。

蜀汉章武三年（223），一代枭雄刘备带着无限的遗憾与世长辞，得知这个消息，魏国群臣都相互庆贺，只有黄权一人心中悲痛，无丝毫笑意。黄权在魏国期间也是兢兢业业，为官一任，造福一方，兴修水利，劝课农桑。有一次魏国遭遇大旱，好几个县城都成了重灾区。有人就出主意，说让灾民往黄权那儿跑，到了他那儿就能活命。可见黄权所治之地，那是物阜民丰，他本人也是爱民如子。不仅如此，每当魏、蜀两国的边境上有什么摩擦，黄权也大力斡旋，经过他调停的战事，双方都满意，都觉得他这个人公正。

黄权这个人说话很直，不懂得藏着掖着。在魏明帝时期，他和司马懿一起共事。黄权跟司马懿说话，三句话离不开诸葛亮。他总是说，仲达啊，如果这件事交给诸葛亮处理，他会如何如何办，你处理那些事情还有不足。司马懿被说得不耐烦了，就问黄权：“你觉得我跟诸葛亮比怎么样？”

据明末张晨注《尉缭子·治本》旁引记载，黄权坦言：“若夫庙胜之策，难为轩轾。亮兼具阳谋。”何为庙胜之策？就是在朝堂上制定的、秘密的、不公开的计谋，这类在兵法上又叫阴谋。当然，兵法中的“阴”，指的不是阴险狡诈，而是秘密的、不公开的。

黄权的意思是，如果论阴谋，你和诸葛亮差不多，可是诸葛亮还会用阳谋。话外之意是诸葛亮阴的、阳的都可以，司马懿只会搞阴的，所以你跟诸葛亮比还差一截儿，你比不上他。看来这黄权还真是诸葛亮的铁杆粉丝啊，居然在魏国狠命地夸奖他们的死对头诸葛亮而没有丝毫顾忌，他的耿直可见一斑。

司马懿听了黄权的评论后，只笑了笑，根本不在乎。随后自我标榜地说道：“那是因为你我相交时日尚浅，你对我不了解，以后你就会知道我也是阴的阳的都能来，并不差诸葛亮什么。”这种往自己脸上贴金的话也亏他司马仲达能说得出口，不过这也从侧面反映了司马懿的内心状态。

之后，司马懿给诸葛亮写信说道：“黄公衡，快士也，每坐起叹述足下（诸葛亮），不去口实。”意思是说黄权可真是个爽快人，天天给我夸你，还让我向你学习，这个人我感觉不错，要留在身边加以重用。曹魏正始元年（240），黄权在魏国去世，寿终正寝。

蜀汉炎兴元年（263），司马昭三路伐蜀，邓艾偷渡阴平，大军逼临成都，诸葛亮之子诸葛瞻临危受命，率军抵御邓艾，此时黄权留在蜀汉的儿子黄崇随诸葛瞻一起出征。最后终因寡不敌众，黄崇与诸葛瞻皆战死于绵竹，蜀汉灭亡。黄崇作为黄权在蜀汉的独子，以身殉国，替父亲尽忠，堪称忠孝两全之人。

黄权的一生是带有传奇色彩的，他先后辅佐刘璋、刘备和曹丕三家主公，均备受重用。与其他卖主求荣之人不同的是黄权投降，是因为他的老板不纳忠言，逼得他不得不自保存身，他主观上已经尽到了做臣子的义务，他无论对刘璋还是刘备，都是苦口婆心地劝谏，而且事实证明他是对的，最后无论是刘璋还是刘备，都认为黄权没有对不起自己，是自己对不起黄权。再者，黄权无论在哪个地方，都实心实意为老百姓办事，政绩斐然，深受百姓爱戴。

黄权与黄崇父子二人天各一方，数十年未曾谋面，可二人在彼此的岗位上都尽忠职守，不做有违道义之事，黄崇更是为国牺牲，血洒疆场，这一奇特的景象历来就被传为美谈，为世人所称道，同时也给三国乱世增添了不少情趣。这也就是为何黄权三次易主却还是被人称为忠臣，看作栋梁的原因吧。

马

马谡

MA SU

挥泪斩马谡背后的无奈

在《三国演义》中，挥泪斩马谡的故事可以说是家喻户晓，妇孺皆知。在这个故事里，诸葛亮任用马谡防守街亭，可是马谡骄傲自大不听诸葛亮吩咐导致街亭失守，诸葛亮为严明军纪，挥泪斩马谡，这历来就被认为是诸葛亮公正无私，执法严明的体现。可是却很少有人关注诸葛亮为何一定要杀掉马谡，这背后究竟有何难言之隐呢？要弄清楚这个问题首先要了解马谡是一个怎样的人。

马谡字幼常，荆州人氏。马家兄弟五人都很有才名，其中马谡的四哥马良是最为出众的，由于马氏兄弟的字都有一个常字，故而当时也有“马氏五常，白眉最良”的说法。马良的眉毛中有白毛，所以这句话是在赞扬马良。诸葛亮少年时避乱荆州，与马良、马谡兄弟相识，并结为好友。后来诸葛亮出山，马良、马谡兄弟也相继追随并辅佐刘备。

蜀后主建兴六年（228），诸葛亮为实现统一大业，发动了首次北伐曹魏的战争。在此次战争中，诸葛亮委任马谡为参军防守街亭，可是马谡自恃熟读兵书，违背诸葛亮的节度，舍水上山，举动失宜，大败于张郃，街亭失守。在罗贯中笔下马谡是战败后自缚请罪并被诸葛亮斩首示众的，可这深入人心的一幕却并非史实。

据《三国志·向朗传》记载：“朗素与马谡善，谡逃亡，朗知情不举，亮恨之，免官还成都。”从这条记载可以看出，马谡兵败之后并没有自首，而是选择逃跑，向朗知情不举，被免官。可是据《三国志·马谡传》记载：“谡下狱物故，亮为之流涕。”看来马谡并没有被斩首示众，而是死在狱中。然而据《三国志·诸葛亮传》记载：“亮戮谡以谢众。”这就奇怪了，同一本书《三国志》，同一个作者陈寿，可是关于马谡的结局却为何有三种不同的记载。

其实这看似矛盾的记载却并不矛盾，让我们尝试回到千年前的那个战场去还原一个最真实的历史。当时的情况应该是这样：马谡战败之后害怕受到处罚，于是选择了逃跑，向朗与马谡关系友善，所以隐瞒了这件事，后来马谡被抓住并关到监狱，诸葛亮给马谡判了死刑，可是还没等到行刑，马谡就在狱中去世了，这就是马谡之死的全部经过，与《三国演义》描述的可谓是大相径庭。那么诸葛亮为何一定要任用马谡呢？

蜀汉章武三年（223），刘备病危，临终之前在白帝城托孤于诸葛亮时曾说：“马谡言过其实，不可大用。”看来刘备确实很有识人之明，可是奇怪的是以诸葛亮的明智怎会将刘备的嘱咐抛之脑后呢？据《三国志·马谡传》记载：“亮违众拔谡。”看来诸葛亮破格任用马谡是遭到反对，违背众人意愿的。当时所有人都认为镇守街亭最合适的人选是魏延和吴懿二人，可是诸葛亮却偏偏选择了从未上过战场的马谡去镇守街亭，这又是为何呢？

在我看来，一向公正无私的诸葛亮破格任用马谡可能是这位贤相一生中唯一一次动用了私人感情，为什么这么说呢？前面讲过马谡是马家最小的儿子，他的四哥马良跟诸葛亮的关系非常要好，诸葛亮年长马良六岁，马良曾在信中称呼诸葛亮为尊兄，以此推测二人应为结拜兄弟。再加上马良此人才智过人，辅佐刘备建言献策，安定荆州。蜀汉章武二年（222），刘备东征伐吴，为关羽报仇，马良随军，可是刘备在夷陵被陆逊用火攻打得大败，仓皇逃往白帝城养病。马良在此役中不幸遇害，年仅36岁。

马良英年早逝对于一国之相诸葛亮来说是非常沉重的打击，想必在那些日子诸葛亮的内心是痛苦的，他为没有照顾好这个弟弟感到深深的自责与愧疚。在这种情况下，诸葛亮看待马良唯一的弟弟马谡自然就多了些关怀与疼爱。从私心讲，诸葛亮希望马谡能够建功立业，能够对得起马良的在天之灵。他相信自己更了解马谡，所以在首次北伐中不顾众人意愿破格提拔马谡，相信他可以胜任。

这位一生都公而忘私的丞相此时此刻终于忍不住动了一丝私心，正所谓人非圣贤，孰能无过？诸葛亮毕竟不是神，他是一个有血有肉的人，是人就会有情感，会有喜怒哀乐。作为千年之后的人，我们可以说他用人失误，一时不察，但却不能非议他，因为这个决定是可以理解的，是诸葛亮作为一个人的正常决定，这无可厚非。

可是马谡却辜负了诸葛亮的厚望，他自恃熟读兵书，不听副将王平的苦苦相劝，执意舍水上山，结果魏军围山放火，蜀军大败。那么马谡战败之后是否一定要被处死呢？答案是未必。正所谓胜败乃兵家常事，千军易得，一将难求，如果每个将军打了败仗都要处死的话，那以后谁还会去打仗。马谡战败也可以选择其他的惩罚方式，例如贬官、杖刑，或军前戴罪立功。

蜀国本来就人才稀少，没必要打一次败仗就处以极刑，那诸葛亮对此是何种态度呢，他想不想处死马谡？我的答案是诸葛亮根本就不想杀马谡，那么有什么证据呢？诸葛亮哭就是证据，如果他真的认为马谡十恶不赦，理当处斩，那他就不会几次三番痛哭流涕了！那么诸葛亮为何舍不得杀马谡，主要有三个原因：

第一，马谡是亲信。前面说过，由于马良早逝，诸葛亮对待马谡格外关怀。马谡在狱中临终之前曾给诸葛亮写了一封信，原文是：“明公视谡犹子，谡视明公犹父，愿深惟殛鲧兴禹之义，使平生之交不亏于此，谡虽死无恨于黄壤也。”意思就是说丞相对我就像是对待儿子一样，我对丞相就像是对待父亲一样，我自知犯了死罪，希望丞相能秉公执法，不要因为我破坏了军纪，在我死后善待我的儿子，那我就死而无憾了。很多人认为父子的这个比喻不太恰当，因为诸葛亮只年长马谡九岁，可在古代是长兄如父，诸葛亮对于马谡应该是如父的长兄，这是亲信，所以于情诸葛亮不想杀他。

第二，马谡确实才气过人，好论军纪，是个人才。据《三国志·马谡传》记载：“每引见谈论，自昼达夜。”试想诸葛亮诸事缠身，公务繁忙，基本没有什么时间去聊天，可是每次都能跟马谡从白天谈到晚上，说明马谡一定有非常过人的见解，诸葛亮才会经常跟他商讨军机，自昼达夜。蜀汉建兴三年（225），少数民族叛乱，诸葛亮亲自率众南征，马谡出城数十里相送，并提出了平定南方的十六字方针：“攻心为上，攻城为下，心战为上，兵战为下。”诸葛亮采纳了马谡的建议，仅用了半年时间就平定了南方叛乱，如此看来马谡也并非是个“废柴”，还是有一定才智的，如果处死实在可惜。

第三，马谡有威望。很多人对这点不甚了解，认为马谡只会夸夸其谈，和战国时纸上谈兵的赵括属于一类人，其实不然，马谡的本事不是赵括所能比的。那么马谡的威望表现在哪里呢？据《三国志》裴松之注引《襄阳记》记载："谡死，于时十万之众为之流涕。"请注意不是诸葛亮一个人为马谡哭，而是军中十万之众都哭了，这就很能说明问题了，如果马谡跟赵括是一类人，那么他不可能在军中有如此大的影响力，那些将士更不可能为他的死感到伤心。综合这三点原因，诸葛亮是舍不得杀马谡的，那既然马谡罪不至死，诸葛亮又舍不得杀他，那为何最后一定要将马谡处死？这背后究竟有何难言之隐呢？

大家都知道，蜀汉政权是由三大集团构成，分别是荆州集团、东州集团和益州集团。荆州集团就是刘备在荆州时候招纳的贤才，代表人物是诸葛亮、蒋琬；东州集团是跟随刘焉、刘璋父子入蜀的人，代表人物是李严、法正；益州集团则是世代都居住在益州的本土人士，代表人物是黄权、谯周。

这三大集团之间互相牵制，矛盾重重。诸葛亮作为荆州集团的代表人物且大权在握，从而使得三大集团之间的实力天平失去了平衡，这种情况下,其他两个集团自然不服,尤其是益州集团跟诸葛亮是面和心不和，他们都在等着诸葛亮出错，好借机染指军权。

马谡作为诸葛亮的亲信，兵败之后如果诸葛亮网开一面，那么以后他就不好再令行禁止了。在这种关键时刻,其他两大集团都在等着看热闹，如果诸葛亮不处死马谡，那么以后他们也会争相效仿，违反军纪，长此以往，诸葛亮还怎么带兵打仗！马谡给诸葛亮出了个天大的难题，诸葛亮别无选择，只能重惩马谡来严明军纪，表明一视同仁的治军态度。

据《三国志·诸葛亮传》记载："亮戮谡以谢众。"那么这里的"众"指的是谁呢？一定不是老百姓，马谡战败，他的生死与百姓何干，所以只有一种解释，这里的"众"指的是东州集团和益州集团。诸葛亮执掌军政大权，坚持北伐，可是因为马谡的关系首次北伐失利，全线败退，他必须要处死马谡给其他两大集团一个交代，如此方能稳定军心民心，做到真正的公开、公正、公平。基于这个原因，虽然诸葛亮心中不愿处死马谡，可现实迫使他又不得不这样做。

诸葛亮将马谡判处死刑之后，蒋琬千里迢迢从成都赶到汉中希望阻止这件事情。蒋琬认为国家尚未安定，先杀智谋之士实在可惜。诸葛亮再次痛哭流涕地说道："孙武所以能制胜于天下者，用法明也。是以杨干乱法，魏绛戮其仆。四海分裂，兵交方始，若复废法，何用讨贼耶！"试想以诸葛亮当时48岁的年龄，官居宰相，位极人臣，一人之下万人之上，却因为马谡之事屡屡在大庭广众之下失声痛哭，若不是心中万分不舍与难过，以他的沉稳断不会如此失态。

是啊！一个人才犯了罪不至死的过失，可是却不得不将他处死，诸葛亮心中的无奈与悲凉可想而知啊！身为一国丞相却只能眼睁睁地看着自己亲如手足的兄弟身首异处，可自己却无可奈何，这该是一种怎样的心情呢？马谡死后，诸葛亮对待马谡的遗孤视若己出。而后，诸葛亮为严明军纪，上书皇帝刘禅请求免去丞相之位，自贬三等，以儆效尤。在这篇表文中，诸葛亮承担了北伐失利的全部责任，由此可以看出他无私耿介的宽广胸怀。

诸葛亮赏罚分明，挥泪处死马谡是身不由己，迫于无奈。为了国家，为了北伐大计，为了先帝遗愿，他只能忍痛割爱，自断臂膀，这种壮士断腕的做法怎不令人悲痛万分？！难怪《三国志》作者陈寿评价诸葛亮道："善无微而不赏，恶无纤而不贬；庶事精练，物理其本，循名责实，虚伪不齿；终于邦域之内，咸畏而爱之，刑政虽峻而无怨者，以其用心平而劝戒明也。"正是由于诸葛亮的公而忘私，以身作则，才使得蜀国上下都对他无丝毫怨言，他的名字也得以流芳千古而经久不衰。可是又有几人知晓他所付出的巨大代价呢？在那无数个难眠之夜，诸葛丞相内心的痛苦与挣扎何人能谅？如今虽千载已逝，可诸葛武侯是永远活在人们心中的，是不朽的！

姜维

JIANG WEI

士为知己者死的写照

如果有人问我："三国最吸引我的地方是什么？"那我一定会回答"情义"二字。纵观三国百余年的历史，包含了太多太多的情义，例如刘备与诸葛亮的鱼水之情，周瑜与孙策的总角之情，以及诸葛亮与姜维的师徒之情等！

一提起姜维，总能让我想起春秋战国时的豫让，这位侠客为报答智伯的知遇之恩，不惜漆身吞炭，自毁容貌，刺杀赵襄子，事败之后拔剑自刎。豫让曾说："智伯国士待我，我必国士报之。"这一感天动地的行为历来就被传为"士为知己者死"的佳话！可若说起姜维，他的忠诚与毅力实在还在豫让之上，他所做事情的难度也在豫让之上，那姜维又是怎样一个人呢？姜维字伯约，天水冀县人。他的父亲姜冏早年战死沙场，所以姜维算是烈士遗孤。姜维自幼丧父，与寡母一起生活，从小他就习文练武，才智过人。曹魏朝廷为了嘉奖姜冏，故任命姜维为中郎。可以说这个任命实在是大材小用，这个错误的决策后来也让曹魏政权吃尽了苦头。

蜀汉建兴六年（228），诸葛亮首次北伐，率兵十万军出祁山。对于此次北伐，曹魏政权没有丝毫准备，所以蜀军连战连捷，势如破竹。据《三国志·诸葛亮传》记载："亮身率诸军攻祁山，戎陈整齐，赏罚肃而号令明，南安、天水、永安三郡叛魏应亮，关中响震。"

由于蜀军声势浩大，诸县响应，姜维的上司太守马遵怀疑姜维等人有异心，于是丢下姜维等人不管，独自逃亡，姜维迫不得已投降诸葛亮。诸葛亮见到姜维之后大喜过望，想不到曹魏朝廷的不信任，却反倒送给自己一份大礼。从此之后诸葛亮有意培养姜维，对他极为器重。姜维身为降将，诸葛亮却对他完全信任，刚刚投降就封侯拜将，而姜维也深深被诸葛亮的人格魅力所折服。

蜀汉建兴六年（228），就在诸葛亮连战连捷之时，马谡却违背诸葛亮的节度丢失街亭，使蜀军进无所据，于是诸葛亮拔西县千余家返回汉中，姜维也跟随诸葛亮来到蜀汉，从此与母亲天各一方，分侍两国。在《三国演义》的描写中，蜀军撤退时，诸葛亮命人接出姜维老母并一同返回蜀汉，可能罗贯中先生不忍姜维母子分离，所以刻画出这相对美好的结局，只可惜这都是虚构出来的，在当时战事紧急的情况下，诸葛亮根本不可能有机会将姜维的母亲安然带到蜀汉。事实上，姜维返回汉中后就与母亲分隔开了。

为此曹魏朝廷希望姜维母亲能召回姜维，并保证既往不咎。可怜姜维老母只有姜维一个独子，于是含泪写信给姜维，希望儿子能回到自己身边。按理来说姜维投降本是无奈，并且投降时日尚短，在这种情况下如果他回归故国也无可厚非，可是姜维在写给母亲的信中说道："良田百亩，不在一顷，但有远志，不在当归也！”这短短 17 个字便断绝了故乡的种种，以及慈母的殷切期盼。做出这一决定对年仅 27 岁的姜维来说是多么的不容易，所幸曹魏朝廷并没有株连姜维老母，但试想作为一个母亲，她的内心一定是痛苦的，想必其余生也是在孤独中度过，此番凄凉之景自是不难想象！

时年 27 岁的姜维遇到了 48 岁的诸葛亮，这一刻对于他来说真不知是幸运还是不幸，巧的是当年诸葛亮出山时的年纪也是 27 岁，看到姜维就仿佛看到了年轻时的自己，所以诸葛亮对姜维的情感很是特别。自古忠孝难两全，姜维毕竟不是徐庶，他选择了忠，忠于大汉，更忠于恩师诸葛亮，这本无可厚非。我们既不能非议徐庶的至孝，更不能贬低姜维的忠诚。就这样，年轻的姜维归降蜀汉并且一生都对蜀汉政权忠贞不渝，这可能是诸葛亮首次北伐全面败退之时，所取得的最大收获吧！

蜀汉建兴十二年（234），诸葛亮最后一次北伐，驻军五丈原和司马懿对峙，司马懿坚守不出。同年八月，诸葛亮操劳过度，身患重病，在五丈原军中病逝。诸葛亮临终之时将自己一生所学都悉数传给了姜维，包括所著兵法 24 篇、八阵图要领以及诸葛连弩之法，姜维大为感动。试想诸葛亮临终之时将毕生所学尽授降将姜维，却没有传给自己的儿子，由此可见他对待姜维就像是对待自己的儿子一样看重，而姜维也成为诸葛丞相一生唯一的一个嫡传弟子！

诸葛亮去世之后，蜀军撤回成都，姜维被任命为中监军辅汉将军，封平襄侯。请注意平襄侯是怎样的一个爵位呢？东汉、三国时期，侯爵分为三个等级，从高到低依次是县、乡、亭侯，而平襄侯正是属于最高等级的县侯，此时姜维年仅 33 岁，投降蜀汉也只有短短六年时间，而诸葛亮鞠躬尽瘁，直到 43 岁时刘备去世之后才被刘禅封为县侯，整整比姜维晚了 10 年，不得不说姜维在蜀汉朝廷升迁速度之快堪比直升机！而刘禅之所以对一个降将如此重用提拔，那一定是诸葛武侯生前再三嘱咐所致，可见诸葛亮对姜维的看重非同一般，这着实让人感动。

当时姜维资历尚浅，蜀汉的军政大权先后由蒋琬和费祎二人把持，由于这二人都不赞成北伐，所以在这 19 年里，姜维的官职虽一直在升，但却苦于无用武之地。不难想象，这么多年他活得有多憋屈。

蜀汉延熙十六年(253)春，费祎被魏国降将郭循刺杀身亡。直到此时，姜维终于掌管了蜀汉军权，可以放手北伐了。当年秋天，姜维就组织了一次大规模的北伐，这时距离诸葛亮去世已经过去了整整 19 年，时局也早已变化。此时曹魏政权尽落司马氏之手，内乱不断，北伐正是时候。诸葛亮当年只是五次北伐，可是姜维前后一共组织了大大小小 11 次北伐，在费祎死后更是基本连年出兵，也正因此，后世很多人诟病姜维穷兵黩武，拖垮蜀汉。可是说这些话的人根本就没有站在当时的立场和姜维所处的环境去客观分析，其实他是很不容易的。

姜维跟诸葛亮不同，北伐也有诸多不便。首先，诸葛亮是军政大权尽握，说一不二，再加上他既是两朝元老又是托孤重臣，所以朝中基本无人反对。可姜维不同，他的身份是降将但却掌握大权，朝中很多人都不服，而且姜维只掌握了军权，并没有掌握政权，所以有诸多掣肘。第二，诸葛亮北伐可以动用的军队有 10 万人左右，而到了姜维时期蜀汉政权衰败，每次北伐出兵只有数万人。第三，姜维军事才能出众，但政治才能却一般，其用兵也与诸葛亮不同，诸葛亮是一生唯谨慎，可是姜维喜欢奇招险招，用兵十分大胆，或许这也是诸葛亮格外欣赏姜维的另一个原因。

如此看来，姜维北伐可以说是困难重重，阻力十足。在这十分不利的情况下，姜维却能凭借自己的信念和毅力坚持北伐 11 次，这其中的艰难又有谁能体会？想想姜维与诸葛亮相识只有短短六载，可是为了这六年的师徒之情，姜维却赔进了自己的一生，只为报答当年诸葛丞相的知遇之恩，为了“兴复汉室”这永远也不可能实现的理想奋斗一生！

蜀汉炎兴元年（263），由于宦官黄皓掌权，宫内乌烟瘴气，姜维为了避祸率领军队去往沓上屯田。此时司马昭看准时机，三路伐蜀，命钟会挡住姜维大军，姜维退守剑阁，钟会久攻不下，商议退军，姜维凭借一己之力以及出众的军事才能几乎粉碎了司马昭的伐蜀计划。不幸的是邓艾奇袭阴平，诸葛亮之子诸葛瞻战死，刘禅开城投降。

刘禅投降之后，命令姜维全军投降钟会，姜维率军假意投降之后，钟会对他非常信任，姜维利用钟会的野心，想让钟会起兵自立，然后再实行复国大计，甚至姜维在写给刘禅的信中说道：“愿陛下且忍数日之辱，臣欲使日月幽而复明，社稷危而转安！”曹魏咸熙元年（264），姜维帮助钟会设计除掉邓艾，复国大业眼看就要成功，谁知消息走漏，司马昭率军征讨，姜维死于乱军之中，时年 63 岁。

或许有人会说姜维能力不堪，所以连年出兵未获成功，那我们就来看一下姜维这 11 次北伐的战果究竟如何。姜维 11 次北伐共计大胜 2 次，小胜 3 次，相距不克 4 次，大败 1 次，小败 1 次。试想在魏蜀国力财力都悬殊的情况下，再加上姜维所面对的邓艾等人都是军事奇才，可他依然取得了如此成绩，这比起诸葛丞相当年也是有过之而无不及。甚至在最后时刻姜维都能以一个降将的身份搅弄魏国风云，复国大计也几乎成功，可见他的口才与能力都属一流。诸葛丞相得徒如此，夫复何求！

姜维的一生是充满悲剧色彩的，他 27 岁起追随诸葛亮，为蜀汉政权奋斗了 36 年，从未放弃，甚至在最后关头，大势已去，可他仍然选择诈降复国，而非自刎殉国，可以说他的选择是十分艰难而又痛苦的。

人人都说豫让知恩图报，士为知己者死，他的美名也传颂千古，可姜维又何尝不是呢？如果说豫让刺杀赵襄子为智伯报仇是小仁小义，那姜维为了报答诸葛丞相的知遇之恩连年北伐则是大仁大义。自古以来就有舍生取义的说法，豫让的选择虽然艰难痛苦却也可以做到，可是姜维的选择要更加艰险。试想一个文武双全的降将本可安稳度过一生，可他却不辞劳苦，坚持北伐 11 次，最难得的是魏国是他的故国，老母妻儿皆在魏国，在这种情况下，他仍力排众议凭一己之力连年出兵。

姜维明知道此举会背负骂名，会让世人误解，甚至会身败名裂，可他宁愿承受种种非议和不公，也从未放弃过北伐。这一切只源于他和他的老师心中共同的理想，为了这可望而不可即的梦，他整整煎熬了 30 多年。

所以说豫让只是承受了身体上的痛苦，而姜维却承受了身体和精神的双重折磨，做出如此巨大的牺牲却被后世批评和非议，说他穷兵黩武，拖垮蜀汉，可实际上蜀汉若无姜维当早十年灭亡，他是蜀汉的擎天之柱。甚至魏国末代皇帝曹奂在诏书中曾经写道：“蜀所赖者，唯维而已。”一语道破了姜维对于蜀汉政权的重要作用。司马昭三路伐蜀时也专门让钟会挡住姜维，由此可见魏国上下都非常重视姜维，认为他智勇足备，不可小觑。

姜维用了一生的执着和信念证明了自己的能力，可以说他从未负过诸葛丞相。与豫让相比，姜维的选择才是真正的“士为知己者死”的写照。如今千载已逝，唯愿忠魂永存！

诸葛

诸葛瞻

ZHUGE ZHAN

武侯之子诸葛瞻

众所周知，在三国这样一个复杂而又战乱的年代，很多官宦子弟年纪轻轻就肩挑重担，为家国天下而奋斗，同时也上演了一幕幕“虎父无犬子”的精彩故事！其中最有名的就是孙坚孙策父子，关羽关平父子，陆逊陆抗父子，还有马腾马超父子等。而本文所说的官二代诸葛瞻正是蜀汉贤相诸葛亮的独子！

诸葛瞻字思远，他作为诸葛丞相唯一的儿子，压力可想而知。诸葛亮这样一个深受历朝历代推崇的人，一生廉洁奉公，位极人臣却蓄无赢财，堪称万世之楷模。那么想必他的后代也不会差，可是诸葛亮却是老来得子，之前一直都没有儿子，甚至还过继了兄长的儿子诸葛乔为继子。

蜀汉建兴五年（227），已经 47 岁的诸葛亮终于有了自己的亲生儿子诸葛瞻。诸葛瞻出生后的第二年，诸葛亮的继子诸葛乔英年早逝，可以说此时未满一岁的诸葛瞻便成为一代贤相诸葛亮唯一的嫡子，在这种情况下，不难想象诸葛亮对儿子一定是寄予了极高期望的，生恐他不能成为栋梁之材！

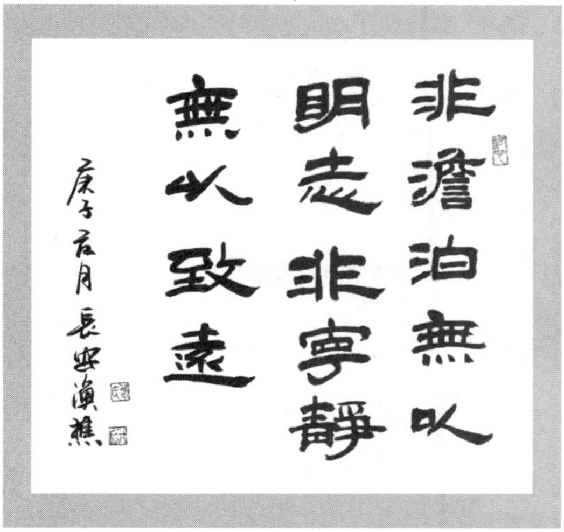

蜀汉建兴十二年（234），诸葛亮最后一次北伐，驻军五丈原，与司马懿对峙，司马懿坚守不出。就在这时，诸葛亮突然身患重病，身体是每况愈下，深知自己命垂旦夕的诸葛亮对儿子的前途非常担忧。当此之时，诸葛瞻只有 8 岁，诸葛亮望着自己的爱子心中满是不舍，期望儿子能够成为国之栋梁。怀着复杂的心情，诸葛亮写信给远在江东的兄长诸葛瑾，说道："瞻年已八岁，聪慧可爱，然嫌其早成，恐不为重器耳！"

这封家信虽然只有短短的 20 个字，但确是饱含深情的，是一位父亲临终之前对儿子的种种担忧以及关怀之情。信中表明诸葛亮不满意儿子太过早熟，唯恐他不能成为国之重器。除此之外，诸葛亮还写下了著名的《诫子书》和《又诫子书》来告诫儿子为人之道和处事礼仪，谆谆教诲跃然纸上。那么诸葛瞻的表现又如何呢？他有没有辜负父亲的期望呢？

蜀汉炎兴元年（263），司马昭三路伐蜀，大将军姜维退守剑阁，此时邓艾偷渡阴平，成都危在旦夕。诸葛瞻临危受命，率军抵御邓艾，由于没有采纳黄崇速占险要的建议，错失良机，大军退守绵竹。邓艾在给诸葛瞻的劝降信中写道："你若投降，我必表你为琅琊王。"（琅琊是诸葛家族的故乡）诸葛瞻收到信后大怒，毁书斩使，在绵竹摆好阵势等待邓艾，邓艾派遣邓忠和师纂两路兵马左右包抄，结果两路人马都被诸葛瞻打败退回。这两路人马回禀道："贼不可击。"邓艾大怒说："存亡之分,在此一举,何不可之有？"并说要将他们斩首,于是二人拼死奋战,击败蜀军，诸葛瞻不幸中箭落马，力竭而亡，年仅 37 岁。其长子诸葛尚在城楼上看见父亲阵亡,便欲披挂上阵,一旁的张遵（张飞之孙）劝谏道："敌军势大，少将军不可轻出！"诸葛尚叹了口气，说道："父子荷恩多年，不早斩黄皓，以致倾败，用生何为？"意思是说我父子二人受到朝廷恩惠多年，却不能够早早地斩除宦官黄皓，以致大军倾败，我活着还有什么意思？说罢这位热血少年便率军死战,终因寡不敌众战死沙场,年仅 19 岁。这正是应了那句"诸葛一门，三代忠烈"之语。

对于诸葛瞻的表现历来众说纷纭,很多人认为他的能力十分不堪,没能把握战机导致蜀汉灭亡，愧对其父诸葛亮。其实不然，诸葛瞻能力一般是事实，可这也并非是他自身的因素所致。想想诸葛亮和妻子黄月英去世的时候诸葛瞻只有 8 岁，诸葛亮还来不及将自己毕生的智慧和经验都悉数传给儿子便撒手而去，诸葛瞻根本就没有机会去锻炼和积累经验。

试想一个 8 岁的孩子如果生在普通百姓家可能很多事情都还不懂，可是诸葛瞻出生在丞相府，是一代贤相诸葛亮唯一的亲生儿子，自然从小就是所有人都瞩目的焦点，蜀汉朝野当初有多爱戴诸葛亮，现下就有多爱戴诸葛瞻，其仕途也是平步青云，一路顺畅：年十七，尚公主，拜骑都尉。其明年为羽林中郎将，屡迁射声校尉、侍中、尚书仆射，加军师将军（军师将军是其父诸葛亮当年的官职，现在诸葛瞻居然加拜父职，蜀汉朝廷对他的期望可谓一目了然）。

再加上诸葛瞻本人又聪慧过人，记忆力强，所以朝廷但凡有个什么好的政策，百姓都奔走相告，说是“此乃诸葛武乡侯所提倡”，致使诸葛瞻有点名过其实。名利是人性最好的腐蚀剂，诸葛瞻年方弱冠，已然名利双收，前程似锦，朝野爱戴，居然没有飘飘然忘乎所以，已算得少年老成，涵养了得，且按查史料，此公似乎干得还不错。

然而，由于诸葛亮的存在太过耀眼，蜀汉后继执政者的必修课便是被拿来与孔明比较，然后大伙儿一声叹息。蒋琬、姜维等尚不能免，何况正宗嫡子诸葛瞻？诸葛亮的儿子，伟光正是当然，若有闪失，恐怕难逃不肖之讥。可以想象，这些年诸葛瞻过得很辛苦，活得很不容易。

客观地讲，诸葛瞻从小就承受了太多本不该他这个年龄所承受的压力，所有的眼睛都盯着他，他也想有一番作为，继承父亲遗志，匡扶蜀汉社稷，可他毕竟也是凡人，也会有失误，我们不能苛责于他。在那个年代，诸葛瞻确实已经比其他同龄人优秀了不少，无奈父亲的光环实在太大，他就是再怎么努力也难望其项背，这不是他的错。

关于诸葛瞻的政绩这里又牵扯出一桩公案，晋朝史学家陈寿由于之前在蜀汉当官时与诸葛瞻发生冲突，因此记恨。故而在撰写《三国志》的时候刻意诋毁诸葛瞻，甚至将奸臣黄皓乱国的责任也推给他，这显然是不公平更是有失公允的。由于陈寿的刻意隐瞒甚至颠倒黑白，诸葛瞻近 20 年的官宦生涯显得一团模糊，只知其威望越来越高，美声溢誉。

那么我们应该如何评价诸葛瞻呢？从天资看，他极为聪慧；从政声看，他应当也有一定的政治才能；从军事看，初次临阵就能击败邓艾，似乎也有一定的天赋。如果诸葛瞻能够受到足够的官场磨炼，他或许能够成为治国之才；如果诸葛瞻能够受到足够的战场磨炼，他或许能够成为出色的指挥官，然而，历史没有如果。一个有一定才能的人，却面临着非天下奇才不能解决甚至按司马昭的话说连天下奇才都解决不了的烂摊子，历史似乎给了他机会，其实压根没给他机会。于是，他诸葛思远既然不能挽狂澜于既倒，也便只能以身殉道，与大厦同倾了。

晋朝史学家干宝对诸葛瞻的一句评语十分贴切：“瞻虽智不足以扶危，勇不足以拒敌，但其外不负国，内不改父之志，忠孝存焉！”是啊！战败又如何，诸葛瞻到底抵抗住了诱惑，为国壮烈牺牲，不负蜀汉，不负双亲。他的这一表现就连敌人都敬佩万分。晋武帝司马炎建国后说道：“诸葛亮在蜀，尽其心力，其子瞻临难而死义，天下之善一也！”由此可见，诸葛瞻是一个忠臣，是一个孝子，同时也是一个可怜人。他的出生既幸运又不幸，他的一生也是充满悲剧色彩的。这一切都注定了他的不平凡，表面光鲜无比，实则波涛汹涌，危机四伏，在这种情况下，他为国为父壮烈牺牲的悲惨结局，令无数英雄慨叹！

第三篇

情感篇

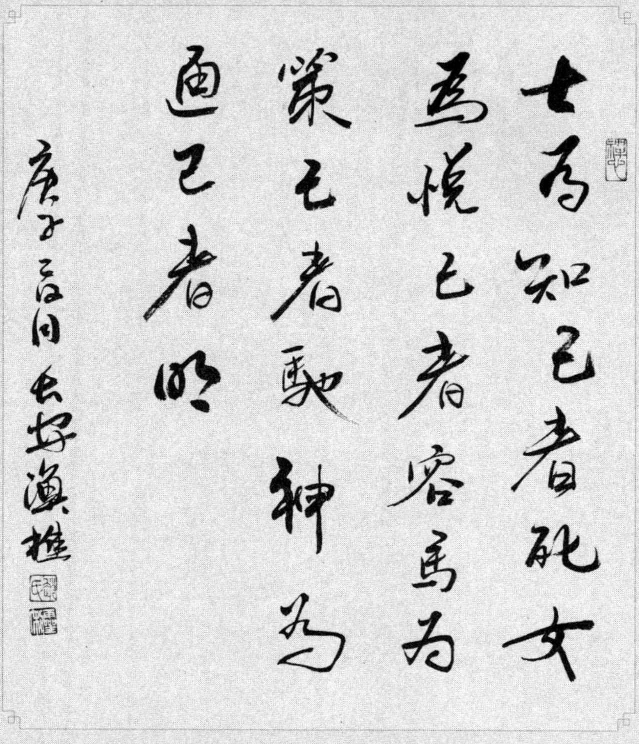
士为知己者死女
为悦己者容马为
知己者驰神为
知己者明
庚子三月 长安渔樵

曹植

CAO ZHI

恣情任性的
王室公子

对于中国人来说，曹植这个名字一定不陌生，但大多数人对他的认识只停留在《七步诗》的悲情，停留在兄弟相残的愤慨，对于他坎坷的人生际遇也是充满同情。

曾几何时，我也不断地设想：假如曹操选择曹植为世子，那历史会不会改写？以曹植的单纯善良想必继位之后断不会苛待兄弟，那魏国或许也不会亡于司马氏之手。可惜历史没有假设，我们无法改变它的走向。那究竟是什么原因导致文采过人的曹植最终在夺嫡之争中输给了曹丕呢？

曹植是曹操的第四个儿子，也是曹操和正妻卞夫人所生的第三子。曹操一生南征北战，曹植自然也是在这样戎马倥偬的环境中长大。他从小就聪慧过人，十来岁时就能脱口成章。曹操曾经看过曹植写的文章，惊喜地问他："你是请人代写的吧？"曹植回答道："言出为论，下笔成章，顾当面试，奈何倩人？”意思就是说文章就要自己写，只要当面考试就知道了，何必请人代写呢？再加上曹植性情坦率自然，不讲究庄重的仪容，车马服饰不追求华丽，这自然很合曹操的口味。渐渐地，曹操开始把爱心转移到曹植身上。

东汉建安十五年（210），曹操在邺城所建的铜雀台落成，召集了一批文士“登台为赋”，曹植也在其中。在众人之中，独有 18 岁的曹植提笔略加思考，一挥而就，而且第一个交卷，其文曰《登台赋》。曹操大为惊异，从此对曹植寄予厚望，并认为他是最能成就大事的人。在邺城时期，有一件对曹植来说至关重要，并影响到他一生的事，那就是世子之争。

曹操一生风流好色，育有 25 个儿子，其中最有可能被立为世子的无非是曹昂、曹丕、曹彰、曹植和曹冲五人。曹昂是曹操的长子，由于其生母刘氏早亡，由曹操的原配丁夫人抚养长大，所以曹昂在当时算是第一顺位继承人。再加上曹昂本人十分聪明且性情刚胆谦和，素来为曹操所喜爱，20 岁即举孝廉。

如果不出意外，以曹昂嫡长子的身份外加文韬武略，日后的天下必定是他的，可是历史往往充满着变数，越是料定的事情往往越不会发生。东汉建安二年（197），刚刚 20 岁出头的曹昂随曹操出征张绣，张绣投降。曹操不费一兵一卒就取得了胜利，难免有点飘飘然，此时曹操好色的老毛病又犯了，并做了一件足以令他悔恨终生的事。

张绣的婶娘邹氏是个绝色美女，曹操听说之后便私自纳邹氏为妾，并夜夜笙歌，欢乐无限。张绣认为曹操此举是对他极大的侮辱，怀恨在心。曹操听说张绣不满就秘密计划想将他杀掉，结果计划泄露，张绣偷袭曹操，曹操战败，他的坐骑绝影也因为张绣的伏击而死在宛城。曹昂主动将自己的坐骑战马让给父亲，曹操这才捡回一条命，可是曹昂却死于乱军之中。

宛城之战是曹操一生的痛，在此战中他不仅损失了长子曹昂，同时也损失了爱侄曹安民和猛将典韦。毫不夸张地说，此次事件应该是历史上代价最大的一夜情事件了。

曹操最看重的长子曹昂战死之后，原配丁夫人便和曹操断绝了关系，此时育有四个儿子的卞氏便被曹操扶正，而曹丕也成为嫡长子。可是在曹操看来嫡长子的身份并不能说明什么，储君应该择贤而立。那么曹昂英年早逝之后，谁又是曹操心中的贤者呢？我的答案是少子曹冲。

曹冲从小就天赋异禀，才六七岁的时候就有成人的智慧，曹冲称象的故事更是家喻户晓，可以说曹冲是历史上有名的神童。可能有人会问即便曹冲是少年天才，可他毕竟年少，如何证明曹操想要传位于他呢？

其实在曹昂阵亡后几年，曹操便有意栽培曹冲，想要传位于他。可或许是天妒英才，东汉建安十三年（208），年仅 13 岁的曹冲因病夭亡。曹冲去世之后，曹操十分悲痛，万念俱灰。此时曹丕前去安慰父亲，可是却被曹操大骂："冲儿早逝，此乃吾之不幸，汝曹之大幸也！"曹操此话透漏出一个信息，如果曹冲还活着，那么天下就是他的，你们兄弟几个根本连门儿都没有，曹操想要传位于曹冲的意图已表现得十分明显。

曹操先后想要传位于曹昂和曹冲的事情还有一则旁证，曹丕代汉自立之后，曾经说过这样一句话："家兄孝廉，自其分也；若使仓舒在，我亦无天下！"意思就是说这天下原本就是我大哥曹昂的，如果仓舒儿曹冲还活着，那我也当不了皇帝。这话说得是多没自信，但是却也反映了当时的真实情况。

曹昂和曹冲先后去世之后，曹操可选择的世子人选就自然落在了正妻卞氏所生的三个儿子曹丕、曹彰和曹植之间，其中曹彰武略过人，好为将，善骑射，但是却不喜读书，有勇无谋，不适合承继大统，所以他是最早被排除在外的，真正的世子之争只是停留在曹丕和曹植兄弟之间。最开始，曹植确实是以才华特见宠爱，曹操数次都打算以曹植为世子，可是曹植却有致命缺点，那就是恣情任性，率性而为。

我们喜欢曹植是因为他的单纯，为他的人生感到遗憾是因为他的率真。与曹植性情相反的是曹丕，他工于心计，善于伪装自己。有一次，曹操率军出征，在出征之前文武百官都来送行，这其中也包括曹丕和曹植，曹植写了一篇文章《白马篇》来给曹操送行，文章写得辞藻华丽，气贯山河，在场的人无不为曹植的文采感叹，曹操也觉得十分骄傲。

这时轮到曹丕前来送行，曹丕深知自己的文采比不过曹植，只能出奇制胜，于是他跪到曹操面前放声痛哭，一副舍不得曹操远行的孝子形象。曹丕哭得昏天黑地，哭完之后曹操的眼圈也红了，此时在场的人都被曹丕感动，而曹植的文章究竟写了什么竟谁也想不起来了。

不得不说曹丕很有当演员的潜质，这一次表演不仅感动了曹操，也感动了所有的人。相比起来，曹植给人的感觉就有点沽名钓誉了。由于曹丕几次三番精彩的表演，曹操心中的天平便慢慢地从曹植身上转移到了曹丕身上。

关于曹植的才华，南朝著名文学家谢灵运曾说："天下才有一石，曹子建独占八斗，我为一斗，天下共为一斗！"成语才高八斗便是由此而来，可见曹植的文学地位是受到广泛认可和推崇的。或许正是因为曹植的文学造诣极高，所以身上的文人气，才子气太浓，平时不注意修饰自己的言行，饮起酒来毫无节制，做出了几件让曹操十分失望的事情。

东汉建安二十二年（217），曹植在曹操外出期间，借着酒兴私自坐着王室的车马，擅开王宫大门司马门，在只有帝王举行典礼才能行走的禁道上纵情驰骋，他早把曹操的法令忘到九霄云外去了。曹操大怒，处死了掌管王室车马的公车令，曹植也因此事而日渐失去了曹操的信任和宠爱。当年十月，曹丕就被立为世子。从此，曹植告别了昂扬奋发的人生阶段，陷入难以自拔的苦闷和浓浓的悲愁中。

曹丕虽然如愿以偿地被立为世子，但他由于常年的伪装和压抑，又一直活在自己弟弟的阴影中如履薄冰，导致其心中极度缺乏安全感，依然严密地提防自己的亲弟弟曹彰和曹植。

东汉建安二十四年（219），曹仁被关羽围困，曹操让曹植担任南中郎将，次日带兵解救曹仁。曹丕知道之后连夜将曹植灌醉，结果第二天曹植酒醉未醒，无法按时出征。曹操大怒，从此不再重用曹植。从这件事情可以看出曹丕十分有心计，而曹植却单纯得像个孩子。

虽然我们为曹植感到可惜，但不得不说曹植不适合搞政治，因为他太过率真，不懂钩心斗角，这也是他输给曹丕的重要原因。

东汉建安二十五年（220），曹操病逝，临终之前召三儿子曹彰带兵赶赴洛阳，希望能见曹彰最后一面，可惜还是没能见到。曹彰手中握有 10 万大军，再加上素来与曹植交好，这对于曹丕来说是极大的威胁。果然，曹彰刚到洛阳便询问魏王玺授的下落，企图兵变。当天夜里，曹彰找到曹植，说道：“四弟啊，你以为我找玺授是为了我自己吗，你错了，我对王位没有兴趣，我这都是为了你啊，只要你同意，我就扶保你继承王位！”

按理来说，这是曹植改变境遇的最后一次机会，如果他点头那历史恐怕真得改写。可是曹植却叹了口气，说道：“算了吧三哥，你难道想让袁氏三兄弟的下场在我们曹氏兄弟身上重演吗？”这里补充一下，袁绍的三个儿子就是因为争夺世子之位自相残杀，最终都被曹操消灭。曹植是从大局出发，不忍兄弟相残，主动放弃了这次机会，可以说他的善良和坦荡令铁石之人也不禁为之动容，可这一切偏偏没有打动心胸狭窄的曹丕。

曹丕废汉自立之后，对曹植严加防范和打压，只是碍于母后卞太后的压力才没有处死曹植，但逼迫他写下《七步诗》，并且将他数次徙封。曹植的生活从此发生了变化，他从一个过着悠游宴乐生活的贵族王子，变成处处受限制和打压的对象。甚至在曹丕死后，即位的魏明帝曹睿也是在处处提防打压曹植，曹植的境况并没有得到改善。曹植就这样一直苦闷地生活了 12 年，直到公元 232 年抑郁而亡，死时年仅 41 岁。

曹植的一生可分为两个阶段，第一个阶段他活得恣情任性，潇洒快意，饮酒作诗，无所拘束，是一位简单快活的贵族王子；可第二阶段他处处受到打压限制，才华无从施展，心中苦闷可想而知，最终抑郁而亡也是必然结局。

如果说曹植这一生最喜欢的两件事情是什么，那一定是诗和酒。对于曹植而言，世子之位的诱惑还不如饮酒作诗来得快意，他不愿刻意伪装自己以达到目的，他活出了真实的自己，他的真性情也是王位残酷争斗中最特别的一道风景！

或许曹植本身并不想去争夺世子之位，因为他从未为此改变付出什么，还是一如既往地饮酒误事。如果说曹植为了储君之位做过什么，那恐怕只有写诗这一条了。他不懂得约束自己，往往率性而为，使得他与王位失之交臂，他的单纯与善良让他不忍兄弟相残，最后选择放弃王位，顾全大局。他是一个悲情的王子，是一个不屑于权力斗争的单纯王子，更是一个胸怀正义的善良王子。

这就是他——才高八斗的曹子建。

二乔

ER QIAO

二乔“美满”的婚姻

三国是一个叱咤风云的乱世，是一段可歌可泣的历史。正史记载、野史传说，使得三国故事历经千年而经久不衰，至今仍为人们所津津乐道。毫无疑问，三国是一场男人之间的铁血比拼，正所谓沙场立功，男儿本色。可自古英雄难过美人关，纵使昂扬男儿也不能免俗。若论起三国里的完美婚姻，恐怕所有人都会一致认为是大桥和孙策、小桥和周瑜的爱情，但历史真相究竟如何呢？

在《三国演义》里，二桥被误传为二乔，其实这是不正确的。据《三国志》记载：“二桥乃桥公之女。”很多人认为这里的桥公指的是太尉桥玄，其实不然，桥玄早在汉灵帝中平元年（184）就去世了，时年 75 岁，可二桥分别嫁给孙策和周瑜则是在汉献帝建安四年（199），所以这在逻辑上讲不通。很多人受《三国演义》和民间影视剧影响，认为二桥的婚姻堪称完美，是真正的美女配英雄，天作之合。只是可惜这表面的美满却并非史实。

南宋词人苏东坡词中曾写道：“遥想公瑾当年，小乔初嫁了，雄姿英发，羽扇纶巾，樯橹间灰飞烟灭。”这首词是在赞扬周瑜在赤壁一战成就千古功名，可是此时的周郎已经 34 岁，与小桥结婚也已经 10 年，所以小桥也不是初嫁。唐朝的诗人杜牧诗中写道：“东风不与周郎便，铜雀春深锁二乔。”这更是将赤壁之战的起因都归咎于二桥。或许是因为这些广为流传的诗词的缘故，二桥的婚姻总给我们留下一种才子佳人的印象，可真相究竟如何呢？

汉献帝建安四年（199），周瑜随从孙策攻破宛城，获得了所谓的“战利品”大桥和小桥，也就是说二桥的婚姻并非明媒正娶，而是被抢过来的，用现在的话说就是强抢民女。试想当时孙策大军攻破城池，大桥和小桥两个弱女子一定早吓得瑟瑟发抖，不知所措了，在这种情况下她们又怎么可能会为这突如其来的婚姻而感到高兴呢？

让我们想象这样一幅场景：两个美少女刚刚经历战火的洗劫，家园丧失，尚处于惊魂未定之时，还没缓过来就紧接着被敌军将领强行掳走，这二桥不要说开心了，不害怕就已经不错了！据《三国志·周瑜传》记载：“时得桥公两女，皆国色也。策自纳大桥，瑜纳小桥。”从这简短的记载来看，二桥只是孙策和周瑜的妾，而并非是正妻，因为陈寿用了一个“纳”字，这自古以来就有娶妻纳妾的说法。

再加上此时孙策和周瑜已经 25 岁，古人结婚普遍很早，不可能都 25 岁还尚未娶妻，所以二桥的身份只是妾罢了。而具有帅哥之名的孙郎和周郎之所以迎娶二桥也不是因为爱情，而是一时贪恋二桥的美色，将她们作为战利品俘获，这也是古时战争胜利成功一方所常有的倨傲姿态，借此向世人炫耀他们的武力和英勇。

根据以上分析，可以得出二桥并非正妻的结论，可是由于她们都是绝色美女，名声实在太大，孙策和周瑜二位将军的正妻在史书上反倒没有记载。再加上后世文人诗词的影响力，更使得二桥成为三国美女的代名词，从而流芳千古，也将他们的婚姻演义成历代完美婚姻的楷模，但这背后的凄凉和真相却鲜为人知。

话说孙策和周瑜两位帅哥强行将二桥掳走之后，孙策还自恋地对周瑜说道："二桥虽然遭受战乱之苦，可是能够得到你我二人当夫君，人生也算是美满了。"对于这大言不惭的话，我只想说孙郎你在纳大桥为妾的时候可曾问过人家愿不愿意，还是就只是霸气地自作主张了呢？毫无疑问，一定是后者。这也是身逢乱世作为女子的悲哀，在男尊女卑的封建社会，女子根本没有话语权和选择权，她们只是男人的陪衬罢了，即便是有着倾国容貌的二桥，她们的真实名字后世也不得而知。

原本二桥虽然是作为"战利品"被掳走的，但这桩婚姻却也不赖，至少孙策和周瑜都是天下闻名的英雄，这也算是两位美女的一个不错的归宿。至于说二桥婚后是否幸福，这就只能靠推测了，因为正史里并没有这方面的记载。其实，二桥的婚姻一开始就始于强迫，所以婚后生活也未必如人意，至于说孙策和周瑜的子嗣是否系二桥所出，这个也没有记载。但是如果二桥真的婚姻美满，生儿育女，那以孙郎和周郎的知名度，史书不可能没有记载，所以这也间接反映了二桥真实的婚姻生活不似想象中美满。

说到这里，可能有人会问"既然如此，那二桥的结局又如何呢？"汉献帝建安五年（200），曹操和袁绍相持于官渡，孙策打算趁此时机偷袭许昌，迎接天子，不想这个时候年仅26岁的孙策遇刺身亡，英年早逝。孙策死的时候才刚与大桥成亲四个月，所以大桥年纪轻轻就开始守寡，从此淡出历史舞台，孤苦伶仃地走完一生，实在凄凉。

与大桥相比，小桥的结局能稍微好点。汉献帝建安十五年（210），周瑜准备攻打益州之时，行军至巴丘一病不起，年仅36岁就病故了，同样英年早逝。周瑜死后小桥的行踪就失去了记载，但想必也好不到哪去。在封建社会，女子通常是不会再嫁的，正所谓烈女不嫁二夫。所以二桥的余生应该都很悲惨，这样的史实实在是与文学作品里二桥的婚姻大相径庭，相去甚远。不知这样的真相可曾让你失望？

黄月英

HUANG YUEYING

成就了一代贤相的女人

一提起黄月英，可能很多人都会感到陌生，更有甚者认为自己熟读历史，怎么就偏偏没有听过黄月英这三个字呢？于是他们就觉得这不过是野史杜撰出来的人罢了。其实不然，黄月英不仅是真实存在的历史人物，同时她更有一个耀眼的身份——丞相夫人。

东汉灵帝光和六年（183），黄月英出生在湖北襄樊一个大户之家，其父亲黄承彦乃是当时的名士，更是蜀汉著名丞相诸葛亮的恩师。汉献帝建安二年（197），诸葛亮的叔父诸葛玄于荆州病故，年仅17岁的诸葛亮失去了最后的依靠，诸葛家族也中道衰落，无奈之下少年诸葛亮携姐弟隐居于襄阳城外20里的隆中，晴耕雨读，以待天时。在此期间，诸葛亮寻师访友，游历于山水之间，扶抱济世安民之志，先后师从于水镜先生司马徽、庞德公和黄承彦三人，潜心研习兵法阵法和奇门遁甲之术，欲辅明主而匡社稷。

汉献帝建安五年（200），20岁的诸葛亮经过数年艰苦研学略有所成，已经成长为一名青年才俊，然而让所有人都深感惋惜的是，拥有如此卓越才能的诸葛亮却迟迟未婚。这个时候，老师黄承彦找到诸葛亮，开门见山地说道：“闻君择妇，身有丑女，黄头黑色，而才堪相配，未审君意若何？”没想到诸葛亮居然毫不犹豫地就答应了，这在当时看来大多认为诸葛亮是个重德重才而不重貌的坦荡君子。可古往今来总有不少人替诸葛亮感到可惜，正所谓美女配英雄是佳偶天成的典范，例如江东的大乔配孙策、小乔配周瑜都被传为千古佳话。（其实要说黄月英的长相自古以来争议不断，在我看来是不丑的，具体原因下一篇我再专门分析这个问题。）

汉献帝建安五年（200），弱冠之龄的诸葛亮迎娶18岁的黄月英为妻，婚后夫妻二人感情深厚，伉俪情深。很快诸葛亮就发现自己的妻子才德无双，堪称一位贤内助，并在很多方面都能给予他极大的帮助。大家都知道，诸葛亮有一把鹅毛扇，无论刮风下雨他一生都不曾离手，那么这把鹅毛扇又是怎么来的呢？又有何非凡的寓意呢？

原来诸葛亮刚刚迎娶黄月英那会儿，黄月英就送给他一把鹅毛扇。诸葛亮不解其意，黄月英解释道：“夫君德才兼备，抱负远大，可我发现每当你跟我父亲谈论天下大势及自己的志向时就喜形于色，充满自信；当谈到曹操、孙权时却又眉头紧锁，甚为忧虑。我今天送你鹅毛扇是希望夫君你能适时遮挡自己的面部表情，千万勿使旁人知你心中所想，如此方能成就伟业！”从此之后诸葛亮南征北战，羽扇从未离手，这不仅是他遮挡面部表情的道具，同时更是他对妻子深深思念的寄托。手摇羽扇，仿似有爱妻相伴，如此真挚之情可真羡煞世人！此外，还有一件事也可以体现黄月英的超凡智慧。孔明在高卧隆中期间，经常寻师访友，结交荆楚俊杰，纵论天下时事。由于他结交了很多朋友，所以社交活动就会比较多，而这些朋友们也会经常去隆中拜访诸葛亮，每当这个时候，诸葛亮与朋友在厅堂叙话，黄月英则为客人准备饭食。由于拜访的人较多，有的人要吃面，有的人要吃米，难以统一。可是每次只一会儿工夫，米面便全上桌，这时包括诸葛亮在内的所有人都感到惊诧不已，速度怎会如此之快？于是带着这个疑问，所有人都好奇地去厨房看个究竟，发现居然有很多个会动的小人在帮助黄月英一起做饭，有的小人和面，有的擀面，有的切菜，不一会儿饭就做好了，效率非常之高，所有人都对这一技术感到惊叹不已，诸葛亮更是赞不绝口，并从中学习这一机械原理，改造发明出后来的木牛流马为蜀军运粮（黄月英因此被誉为世界机械学原理的鼻祖，试想早在 1700 多年前的三国乱世，黄月英就能发明出相当于现在的机器人，真不愧是三国第一奇女子）。

汉献帝建安十二年（207），诸葛亮和黄月英在隆中度过了最幸福安逸的七年时光，这个时候曹操统一北方，率得胜之师挥军南下，欲一统天下，荆州局势急转直下。寄寓于此的刘备求贤若渴，三顾茅庐虔诚拜访诸葛亮，求安邦定国之策。时年 27 岁的诸葛亮决定出山辅佐刘备，一展平生所学。由于局势动荡不安，黄月英没有跟随诸葛亮一起出山，而是回到父亲黄承彦家，静待夫君建不世之功。

汉献帝建安十三年（208），诸葛亮临危受命求救于东吴，促成孙刘联盟，打败了盛极一时的曹操。这时刘备趁乱夺取了荆州的大部分郡以为根据地，对内发展经济，对外厉兵秣马。局势相对稳定后，黄月英便来到荆州，陪伴并帮助夫君解决一个个难题。汉献帝建安十九年（214），诸葛亮辅佐刘备一举攻克益州，实现了隆中对的第一步——“跨有荆益”，这个时候的诸葛亮任军师将军（相当于现在的总参谋长），总理政务，诸事缠身，与黄月英也是聚少离多。蜀汉章武元年（221），刘备于成都称帝，年号章武，已经41岁的诸葛亮位居丞相，为百官之首，黄月英则为丞相夫人，相夫教子，操持家务，使诸葛亮无后顾之忧。

值得一提的是，此时的诸葛亮虽位极人臣，可是膝下只有一女诸葛果，尚没有儿子，为此贤惠的黄月英屡劝诸葛亮纳妾，可是诸葛亮始终以公务繁忙推诿，对于黄月英这个志同道合的伴侣以及一生的挚爱，诸葛亮可以说是忠贞不渝，一生不相负。为了使爱妻卸下心中的包袱，诸葛亮甚至写信给东吴的兄长诸葛瑾要求将兄长的次子诸葛乔过继为养子。诸葛乔过继过来后，诸葛亮对其视如己出，关怀备至，以嫡长子看待。试想一人之下万人之上的宰相诸葛亮居然没有自己的亲生儿子，其用情如此之深，为了结发妻子，一生没有纳妾，实在是万世之楷模！

蜀汉建兴五年（227），许是诸葛亮和黄月英的情谊感动了上天，就在这一年首次北伐前夕，已经47岁的诸葛亮终于有了自己的亲生儿子诸葛瞻（后世很多人认为诸葛亮老来得子，所以诸葛瞻一定是妾所生，其实不然，如果诸葛亮真的纳妾了，以他的身份和名望正史该有记载，可是翻遍史书均没有诸葛亮纳妾的丝毫记载。再者，如果诸葛瞻真的是妾所生，那么在当时那个嫡庶有别的时代，诸葛瞻是不可能承袭爵位并官拜大将的。综上所述，诸葛瞻一定是诸葛亮的嫡子）。

蜀汉建兴六年（228），诸葛亮的继子诸葛乔不幸英年早逝，年仅25岁。此时的诸葛瞻还未满1岁，诸葛亮却已经开始了北伐大计，自然无暇教育儿子，所以教育儿子的重担便落在了黄月英的身上，一方面她照看子女无微不至，另一方面她也十分担忧远在前线的夫君的安危！

蜀汉建兴十二年（234），诸葛亮最后一次北伐，驻军五丈原与司马懿对峙。司马懿坚守不出，此时诸葛亮由于劳累过度，身染重病，临终前写下著名的《诫子书》告诫爱子为人之道和成才之道，谆谆教诲跃然纸上，生怕自己的儿子无法成为栋梁之材，短短几十个字便体现了诸葛亮对儿子的无限关爱与担忧！

这一年的农历八月二十八日，一代贤相诸葛亮带着未竟的心愿和无限的遗憾与世长辞，时年 54 岁。消息传回成都，黄月英遥望远方战场，自己心心念念的那个人再也回不来了，伤心过度的她一病不起，没过多久就也追随诸葛亮而去，临终之时以“忠孝”二字勉励其子诸葛瞻。年仅 8 岁的诸葛瞻失去了父母，成为孤儿。不过从诸葛瞻后面临难而死义的表现来看，他是真正做到了“忠孝”二字，黄月英的教育无疑是成功的！

纵观黄月英的一生是带有传奇色彩的，她虽身为女子却有男儿的胸襟和气度，明明怀有经天纬地之才却甘愿在背后默默辅佐诸葛亮，将所有的光环都放在夫君的名下，无怨无悔，这也是为什么后世知道黄月英的人很少。可以说诸葛亮的成功，黄月英功不可没，他们的恋情是独一无二，感天动地的。黄月英固然心甘情愿地充当夫君的贤内助，诸葛亮却也一生不负黄月英的信任，位极人臣依然对发妻忠贞不渝，光这一点只怕历史上少有人能与其相比。诸葛亮是幸运的，这一生有挚爱黄月英相伴，得妻如此，夫复何求？

毫无疑问，黄月英是诸葛亮的朋友、知己和挚爱，同样拥有奇才的两个人走到了一起，这又岂非天意乎？这一段令人羡慕的爱情可以用“知己唯妻”这四字概括，唯愿天下有情人皆成眷属！

黄 黄月英

HUANG YUEYING

不以美丑论的奇女子

上一篇我讲到黄月英是诸葛亮的朋友、知己和挚爱，诸葛亮对黄月英的感情也是一生不相负，但至此尚有一个未解之谜。那就是黄月英的长相究竟如何，是否真的如传闻般是个丑女，还是这一切只是谬传，其实她本人确是才貌双全呢？根据这两种截然相反的观点自古以来就争议不断，那么历史的真相究竟如何呢？由于可参考的史书较少，我在这里做深入地分析去探讨这个耐人寻味的问题。

在我看来，黄月英当是才貌双全的。那有什么证据呢？首先，若以遗传学角度来论黄月英也不会丑，黄家遗传基因可不是一般的好。先说说黄月英的父亲黄承彦，他本人就是个正人君子，一表人才，娶了蔡讽的长女蔡氏为妻，这个蔡氏可是当时荆州地区的名门望族。顺便提一下，黄承彦的夫人还有一个胞妹嫁给了荆州牧刘表为续弦，也就是很有名的蔡夫人。

刘表是什么人呢？他可是汉末三国时期一个很大的军阀，据有荆襄之地，带甲十余万，偏安一隅。刘表本人既是宗室又是名士，长相也很俊美，论才干也不像我们想象的那样窝囊。据《三国志》记载："表少知名，号八骏，长八尺余，资貌甚伟。"这句话翻译过来就是刘表身高1米8以上，五官俊朗，看起来非常高大，英气逼人。试想陈寿这样一个惜墨如金的人都不吝笔墨去描写刘表的长相，想必刘表绝对是当时公认的大帅哥，又是一方诸侯，那么能嫁给他当续弦的一定也是当时有名的美女。况且刘表对蔡夫人的宠爱和信任是众所周知的，一方诸侯长期宠爱一个妻子而爱意丝毫未减，蔡夫人之迷人可想而知！

据此，黄月英的父亲黄承彦和荆州牧刘表是连襟，而荆州大将蔡瑁则是黄月英的舅父，这黄氏一族堪称豪华阵容！如此说来，黄月英的父亲、母亲、小姨，甚至姨父都是当时公认的帅哥美女，那么出生于拥有如此优质基因的黄氏家族，黄月英不管遗传谁都不可能会丑（当然除非她变异了，但是这种可能性基本是不存在的）。既然如此，那黄承彦又为何要说自己的女儿很丑呢？

据《三国志》记载，黄承彦在向诸葛亮提亲时说道："闻君择妇，身有丑女，黄头黑色，而才堪相配……"目前关于黄月英貌陋的记载主要就是出自黄承彦的这句话。那我们就要分析一下，这句话的真实含义究竟如何呢？一般情况下，作为父亲是不会说自己女儿丑的，更何况黄承彦是在给提亲对象说这句话，那这其中所隐藏的含义就值得推敲了。

黄承彦说这句话主要是出于三个原因：第一是谦虚，古人都有谦虚的习惯，而且越是学识渊博的人往往越谦虚，黄承彦恰恰是一个名士，说话自然带有几分谦虚。这话就相当于是"贱内""拙荆""犬子"一类的词汇，客套用语，千万不能太认真。那可能有人会说既然是谦虚又怎么会说得这么具体？请注意“黄头黑色”这四个字暗藏的玄机，黄承彦只不过是把正常人“黑头黄色”的长相给倒过来罢了，又哪里是具体呢？或许有人会问如果是谦虚，那“才堪相配”这四个字说得也并不谦虚啊！那好，请注意黄承彦是在什么情况下说的这句话，是在给诸葛亮提亲的时候说的，在这种情况下显然才华是重点突出提及的，而相貌则是次要的。作为黄月英的父亲，黄承彦总不可能去给诸葛亮说我的女儿长得不好、才华也一般，那过分谦虚岂不是会误了女儿的终身，所以说黄承彦的度把握得是很到位的，既谦虚但又不刻意做作，真不愧是诸葛亮的老师。

第二个原因是因为身处乱世，美女往往结局不好，如果是众所周知的美女那结局就更堪忧了。远的不说，就提提同处三国乱世的几位美女的结局：江东的大乔和小乔可以说是众所周知的美女了，大乔嫁给了孙策，小乔嫁给了周瑜，原本这也是十分美满的婚姻，可惜孙策 26 岁就遇刺身亡，周瑜 36 岁就病逝巴丘，二乔年纪轻轻就开始守寡，从此淡出历史舞台，想必余生也很凄惨。

再来说说河北的甄宓，这也是当时公认的美女。起先甄宓嫁给了袁绍的次子袁熙为妻，后来曹操打败了袁绍，他的儿子曹丕也就顺便将甄宓给收编了。刚开始曹丕也是对甄宓宠爱有加，可后来曹丕称帝之后专宠另一个妃子郭女王，渐渐冷淡甄宓，后来竟然将甄宓赐死，可怜甄宓竟落得如此悲惨的结局，岂不可惜！我为什么要专门举这三个人的例子呢？是因为一句流传很广的话“江东有二乔，河北甄宓俏！”从这句话可以看出此三人都是绝世美女，但是他们的结局却都不好。

出于这个原因，黄承彦便故意制造女儿很丑的假象，以此来拒绝源源不断的求亲者，这也是身处乱世女子得以保全的秘诀。从这也可以看出黄承彦和黄月英确实是智慧过人。

那最后一个原因又是什么呢？是黄承彦在试探诸葛亮故意这么说。既然要给三国第一奇女子找夫婿，那一般人又怎么配得上呢？诸葛亮恰恰不是一般人，想必黄承彦也不会打无准备之仗，一定对诸葛亮的学识人品都有所了解，才会上门提亲。为了确保万无一失，黄承彦说了这句话，以试探诸葛亮是否真的是重德重才而不重貌的坦荡君子！当然试探的结果大家都知道了，那就是诸葛亮毫不犹豫就答应了，可见诸葛亮的确德才兼备，实乃高风亮节之君子！

说了这么多，黄月英不仅不可能丑，还当是才貌双全的奇女子，与诸葛亮的婚姻更堪称千古绝配。看待历史人物一定不能偏听偏信，正所谓尽信书则不如无书，应当综合考量，层层分析判断，才能得出较为真实的结论。如若不然，则是对历史人物的不敬了！

徐

徐庶

XU SHU

至情至性的乱世男儿

东汉末年，天下大乱，群雄割据，逐鹿中原。值此纷扰乱世，人人皆欲建功立业以不负平生所学，可偏偏有这么一个人，明明扶抱经天纬地之才却甘于平庸，他就是至情至性的徐庶。一提起徐庶，很多人受《三国演义》影响，认为徐庶英雄气短，被曹操设计骗到许都，埋没了自己的才华。可历史果真如此吗？

可以说正史里的徐庶要远比演义里的徐庶更加伟大和真实。在演义当中，徐庶主要有三件事情比较露脸：第一是帮助刘备破了曹仁的八门金锁阵；第二是离开刘备之前推荐诸葛亮；第三是庞统献连环被其一眼识破。可惜的是这三件事情都是罗贯中先生虚构的，正史并无记载。那么历史上真正的徐庶到底是怎样一个人呢？

徐庶字元直，颍川郡人。早在少年

时代他就非常敬慕那些疾恶如仇、扶危济困的侠客，矢志要做一名急公好义、惩奸除恶的侠者。为了实现这一宏愿，徐庶自幼拜师学艺，积攒下了一定的底子。待学有所成之后，便游历四方，做一些除暴安良的善举。就这样，徐庶很快便成为一名远近闻名的少年侠士。

东汉中平六年（189），徐庶的一个朋友被当地豪强害得家破人亡，这个朋友没什么背景，打官司也打不赢，只好请少侠徐庶帮忙，为其报仇雪恨。徐庶当即以白泥涂抹面孔，闯入恶霸家中一剑刺死了那个为祸一方、恃强凌弱的恶徒，不料却被官差所擒。官府对徐庶进行了严酷审讯，问他谁是幕后指使？

徐庶出于江湖道义，始终不肯说出事情真相。他又怕因此株连母亲，故而即便受尽酷刑，也不肯说出自己的姓名身份。官府没辙，将他押入囚车，游街示众，让老百姓辨认。大家都有感于徐庶的义举，都很欣赏他，自始至终没有一个人说出他的姓名。官府一看，不能验明正身，没法入罪，就把他暂时拘押起来。后来徐庶的朋友上下打点，使了点钱，把他给救了出来。经此事件之后，徐庶大彻大悟，认为空有一身武艺根本无法济世安民，还天下太平。于是他从此弃武从文，发奋苦读，开始学习谋略，并在数年之后学有所成。

东汉初平三年（192），因董卓作乱京师而导致中州四处兵起，徐庶为了避乱，与同郡石韬南下逃亡至荆州居住。在此期间，徐庶结识了同样避乱荆州的诸葛亮，志同道合的二人遂结为好友。此时正是荆州牧刘表当政之时，但徐庶根本看不上刘表，于是潜心研学，蛰伏待机。后来，刘备被曹操击败南下依附刘表，徐庶多方考察，发现刘备此人胸有大志，礼贤下士，绝非池中之物，于是主动投靠刘备。

刘备见徐庶后，大喜过望，委任为参谋，对他非常器重。在徐庶的辅佐之下，新野小县生机勃勃，繁荣兴旺。后曹操遣偏师进袭新野，刘表暗自图谋，想让刘备先损耗一下敌军士气，自己再捡现成的，于是持重观望，不派救兵。刘备与徐庶二人谋划定计，最终在没有刘表的帮助下以少胜多。正史里虽然没有徐庶打败曹仁的记录，但是他发展壮大新野，并且克敌制胜，用计打败曹操的偏师确是事实，由此可见徐庶的才华非同一般。

《三国演义》里讲述了这样一个场景：曹操以徐庶之母为要挟将徐庶骗到许都，徐庶在临行之前推荐诸葛亮，这才有了后来的三顾茅庐。可惜这看似感人的情节都是虚构出来的，并非史实。可能罗贯中先生为了突出刘备的爱才以及徐庶的忠义才改编了这样一个君臣相知的感人画面，可谁知这个故事却反倒贬低了徐庶。

试想徐庶到刘备帐下也有段时间，那他为何早不推荐诸葛亮，却偏偏等到自己要走了才想起来推荐诸葛亮呢，莫非徐庶嫉贤妒能，害怕诸葛亮抢了自己的风头不成？所以说罗贯中先生此笔是贬低了徐庶，以徐庶的人品和胸怀一定不可能等到自己要走才去推荐诸葛亮。

事实上徐庶刚投靠刘备不久，就极力推荐诸葛亮，经过徐庶再三举荐，刘备这才放下身段三顾茅庐虔诚请教诸葛亮。诸葛亮出山之后，徐庶与诸葛亮也曾一起辅佐刘备有一年左右的时间。汉献帝建安十三年（208），曹操率大军南下，刘表病死，荆州局势危在旦夕，刘备率领百姓逃亡，在长坂坡被曹军追上，损失惨重，这时曹军俘虏了徐庶的母亲，徐庶迫不得已，辞别刘备。

据《三国志·诸葛亮传》记载：“庶辞先主而指其心曰：‘本欲与将军共图霸之业者，以此方寸之地也。今已失老母，方寸乱矣，无益于事，请从此别。’遂诣曹公。”从这简短的记载来看，徐庶真是至情至性、至仁至孝之人。不过刘备肯放徐庶离去也体现了刘备的胸怀和情义。

就这样，徐庶心不甘情不愿地来到了曹操帐下，从此深自贬义，怏怏不乐，很少建言献策。当时有人劝徐庶说："曹公非雄主乎？当勠力辅之！"徐庶回答道："曹公虽是雄主，然以诈术待我，非致士之道。况刘皇叔待某恩厚，我终不为其献一计、设一谋！"

终不为其献一计、设一谋或许有些夸张，但徐庶对刘备知恩图报，不乐意帮助曹操却是事实。徐庶没有真心实意为曹氏父子参赞谋划这件事情有个反证，我们知道，曹氏父子懂得以法量功，他要真给出什么建设性意见，他们照理不可能亏待他才是，他的官阶也应该会芝麻开花节节高。我们看看曹魏集团的其他谋士，譬如刘晔、陈群、吴质等人的官职都是一升再升，可是徐庶最后的官位只是个右中郎将，死后连个侯爵都没有。按理来说，徐庶的才华决不在他们之下甚至超过他们，可是他的官位却一直都很低，这就足以说明问题了。

或许有人会说曹操时期人才辈出，轮不到提拔徐庶，所以他的官职不高，这是自身能力问题。可问题是曹操时期人才太多不假，曹丕时期总该轮到徐庶了吧，以徐庶的才华绝对在陈群、吴质等人之上，可徐庶却始终默默无闻，甘于平庸，这说明他根本就不想帮助曹魏集团，故意在韬光养晦。

徐庶投奔曹操之后始终不忘刘备的知遇之恩，可以说是身在曹营心在汉。后来徐庶的同郡好友石韬也投奔曹魏，官至郡守。曹魏太和二年（228），诸葛亮首次北伐曹魏，听说挚友徐庶和石韬的官职之后，不禁发出感叹："魏多殊士耶，何彼二人不见用乎？"意思是说难道魏国谋士太多了吗，为什么不重用徐庶和石韬二人呢？从这句话中体现了诸葛亮对徐庶和石韬二人仕途不顺而感到不公，这也从侧面反映了在诸葛亮心中，徐庶是很有谋略的，所以他才会发出如此感叹。

关于徐庶的性格特点还有一则旁证，蜀汉自章武元年（221）诸葛亮任蜀相以来，即广开言路，从谏如流，他担心属下心怀顾忌，不能尽言，所以曾两次做《与群下教》文，并一再教导属下要直言敢谏，而这两篇文章中却都提到了徐庶："初交州平，屡闻得失；后交元直，勤见启诲……""夫参署者，集众思广忠益也。……然人心苦不能尽，唯徐元直处此不惑，苟能慕元直之十反……有忠于国，则亮可少过矣！"

这里的州平指的是诸葛亮的另外一个挚友博陵崔州平，诸葛亮在这里直言不讳地指出徐元直直言敢谏的性格特点，并且希望属下能够向他学习，指出自己的不足。这不仅体现了诸葛亮对好友的无限追思，更体现了诸葛亮宽容耿介的胸怀。由此可见诸葛亮是重情之人，而徐元直更是至情至性！

纵观徐庶一生是带有悲剧色彩的，他怀有大才却一生默默无闻，甘于平庸。与其他恪尽职守甚至以身殉国的英雄相比，徐庶的处境更加艰难。人生在世最难的不是建功立业，而是明明拥有建功立业的条件和资本，却被自己无奈地放弃，可以想象徐庶这么多年活得是多不容易。

按理来说以徐庶的谋略如果他愿意的话，那定能在魏国封侯拜将，不负平生所学，可他却宁愿刻意压抑埋没自己的才华，宁愿忍受种种痛苦也不愿违背自己的初衷，这种人是伟大而又高尚的！或许有人会认为徐庶的选择太认死理，是很愚蠢的选择，正所谓无毒不丈夫，徐庶又何必虚度一生呢？

在我看来，徐庶早年除暴安良，一心向善是仁；辅佐刘备恪尽职守，发展壮大新野是忠；谋划定计打败曹操偏师以少胜多是智；几次三番推荐好友诸葛亮是情；得知老母被俘辞别刘备是孝；埋没自己的才华不愿帮助曹魏是义。如此看来徐元直可谓至情至性、至仁至孝之人，这样的性格特点在尔虞我诈的三国乱世可谓清新脱俗，别具一格，他也为此付出了惨痛代价！

正所谓自古忠孝难两全，我们又怎能苛责于他？但是徐庶最后的选择却也不失为忠，他对刘备知遇之恩的报答，对蜀汉政权的忠心时刻不忘，他所付出的甚至比那些军功累累的战将以及出谋划策的谋士都要多得多，因为没有一个人会心甘情愿地虚晃一生，更何况这个人还拥有经天纬地之才。所以徐庶最后的选择是残忍、无奈而又痛苦的，这正是他不忘初衷的男儿本色。身逢乱世，不知有多少钩心斗角、贪图名利之人，相比之下，徐庶的这一至情至性之人可谓是难能可贵，不同凡响！

古人云："知人得数士，重义忘千金。"这个评价给徐庶，应该中肯。

第四篇 狂傲篇

《观沧海》——〔汉〕曹操

东临碣石，以观沧海。
水何澹澹，山岛竦峙。
树木丛生，百草丰茂。
秋风萧瑟，洪波涌起。
日月之行，若出其中。
星汉灿烂，若出其里。
幸甚至哉，歌以咏志。

曹

曹操

CAO CAO

智者千虑，必有一失

东汉末年，天下大乱，群雄割据，逐鹿中原，在这持续了将近一百年的乱世里，硝烟不断，以致民不聊生。而战争所带来的创伤更是极大的，人口在不断锐减，百姓甚至不知自己何时将死于战乱，民心不安，惶惶终日。在此时局不稳、分崩离析之时，对于普通百姓来说，政治立场或是道义与否都不重要，他们所关心的不过是“平安”二字，这时谁是百姓心中的有德明君他们自然便会归附于谁。

唐太宗李世民曾经说过一句名言：“水能载舟，亦能覆舟。”高度肯定了百姓对于江山社稷的重要性，正因唐太宗有“以民为本”的思想并深刻落实，才使得他得以开创贞观盛世，成为千古名君。可见古往今来凡成大事者必以百姓为本，以百姓为重。而在三国这个争霸天下的乱世，百姓的支持则尤为关键。

但有一个人虽一世英名，却违背了这一原则，犯下滔天罪行，他就是三国时期家喻户晓的人物曹操。其实曹操这个人历来争议颇大，有人说他是篡权的奸贼,有人说他是乱世奸雄,更有人说他是扶保社稷的忠臣。众说纷纭,难辨真假。不过曹操曾经做的一件事情却是让我实在难以苟同，更令天下士子寒心，那就是屠徐州一事。

关于这件事情的真伪，历史上基本是没有争议的，可以肯定是真实发生过的事情。那么有人要问：曹操是一个雄才大略的人，不会无缘无故屠城，他也不会不知道“水能载舟，亦能覆舟”的道理，那么究竟发生了什么，曹操为何要不顾一切残忍屠城呢？这件事情在当时又造成了怎样的影响呢？

曹操字孟德，小字阿瞒，是东汉末年曹魏政权的奠基人。其实曹操这个人本来不姓曹，因为他的父亲曹嵩是宦官曹腾的养子，所以曹操才改姓曹。作为宦官养子的儿子，曹操这个出身在当时是很让人看不起的，所以很多人都不屑与他来往，曹操就是在这样的环境中成长起来的。

客观来讲，曹操在早期还是致力于做挽救危局的乱世英雄的，他首倡义兵讨伐董卓，而后又组建部队欲拯救摇摇欲坠的汉室王朝，可是就在其事业处于上升期时，他却做了一件十分荒唐而又残忍的事情。

东汉初平四年（193），曹操的父亲曹嵩为躲避董卓之乱，来到徐州避难，然而曹嵩全家却被徐州牧陶谦杀害。至于说是陶谦本人下令还是他手下人见财起意，史书上说法不一，这里暂不做讨论。总而言之，曹操的父亲是被人杀害了，曹操得知此事后大怒，誓要报此血海深仇。

按理来说，曹嵩是被陶谦或其部下所杀，曹操要报仇也该找陶谦报仇，可是他却拿无辜百姓开刀。对于这件事情史书上皆有记载。《后汉书》记载：“凡杀男女数十万人，鸡犬无余，泗水为之不流，自是五县城保，无复行迹。”从《后汉书》的记载中可以看到，在攻下了徐州后，曹操在徐州大肆屠杀平民百姓，甚至连鸡犬也没有剩下，而徐州的泗水因为尸体堆积太多都流不动了，从此徐州几乎是鲜有人迹。

而《三国志·武帝纪》对此事的记载非常简略，只有一句话：“所过多所残戮”。虽然陈寿说得很隐晦，但我们依然可以看出曹操当时屠戮百姓的凶残。陈寿在撰写《三国志》时，正处于晋朝司马家族得天下的时代，而晋朝又承祚于曹魏，因此陈寿是以曹魏为正统的，在当时的局势下，他依然说出了此事，可见屠杀徐州确是曹操一生都洗刷不掉的污点。以报仇为名，行屠戮之实，手段之残忍令人发指。纵使曹操后来功绩显赫，权倾朝野，也无法掩盖他之前所犯下的滔天罪行，这也是为何很多俊杰都相继离开他的原因，想必是看到了其血腥噬杀的一面。曹操为图一时之快，乱杀无辜的行为使他背负千载骂名，岂非得不偿失？

不过对于曹操屠杀的人数，《三国志》和《后汉书》的记载稍有出入。据《三国志·陶谦传》记载：“死者万数，泗水为之不流。”可见，《三国志》里说徐州大屠杀的遇难人数只有几万人，而不是《后汉书》中的几十万人。那么究竟哪本书的记载更可靠呢，这在历史上一直有争议，有待进一步研究。

其实不论曹操屠杀了多少人都是次要的，最重要的是他确实曾经做了屠城这件残忍的事。曹操为报家仇可以理解，乘机攻城略地可以理解，追究凶手陶谦或其部下的责任也可以理解，但无论如何，责任是追究不到手无寸铁的徐州百姓头上的，不分男女老幼几乎全部杀光，这实在是罪大恶极。对于当时的徐州人民来说，不论是惨死于屠刀之下的，还是侥幸逃出一条生命的，曹操对他们来说都是可怕和可恨的。

值得一提的是，曹操血洗徐州使得一位少年天才险些丧命于此，多年后这位天才接受刘备的招揽决定出山相助，从此他便成为三国乃至整个中国历史的一位伟人，他就是千古贤相诸葛亮。诸葛亮的家在徐州琅琊郡，曹操屠城之时，年仅14岁的诸葛亮多次死里逃生，可以说是九死一生。为躲避战火，少年诸葛亮携姐弟随叔父诸葛玄背井离乡，东奔西走，辗转半个中国而无落脚之地，这才来到了荆州游学，而后隐居于襄阳隆中以待天时。

诸葛亮之所以选择刘备而不是曹操，这与他童年的遭遇是分不开的，想必在那时，曹操的残忍便深深烙印在了少年诸葛亮的心中。试想一个孩子目睹无数的街坊好友死在冰冷的刀下，而自己却无能为力，这该是一种怎样的心情呢？从此诸葛亮便立志要做一个救困扶危、济世安民的人，他希望百姓都能够安居乐业，免受战乱之苦，拥有如此高洁理想的诸葛亮又怎么会去选择残杀百姓的曹操呢？也正因此，他才选择了与自己志同道合的刘备，期望天下能够尽快安定！

曹操大肆屠城之举，是适得其反的，不仅徐州没有攻下，后方阵营还多有反叛。而此时刘备则以民为本，以德服人，行事作风与曹操正好相反，并且在听闻曹操血洗徐州之事时仅率兵数千驰援徐州，徐州牧陶谦临终前因感激刘备仗义相助，遂主动以徐州相让，认为“非刘玄德不能安此州也”。就这样刘备竟不费一兵一卒便接管了徐州，可以说他才是此次事件的最大受益者。这的确令曹操大为光火，自己费了九牛二虎之力到头来却便宜了刘备，这一切都源于他忽略了“民为基本”这四个字，这样的结果也是曹孟德咎由自取吧！

当然，我们不必因此就将曹操一生的所有作为全盘否定。应该就事论事，实事求是，在看到他的一些功绩的同时，也不必回避和掩饰他的罪恶，应当正视历史，还原真实的曹操！

孙权

SUN QUAN

孙权晚年的昏聩

一提起孙权，相信很多人首先想到的是“生子当如孙仲谋”这句评价。诚然，孙权 18 岁继承父兄基业提领江东，坐断东南，俨然一方霸主，在他身上有太多的闪光点值得学习，可我今次所要说的却是他晚年的昏聩，甚至东吴的灭亡也与之有着密切的关系，这却是鲜为人知的。

孙权，字仲谋，是江东猛虎孙坚的次子，江东小霸王孙策的弟弟。原本孙权是与帝位无缘的，可是他的父亲和兄长都相继英年早逝，孙权才得以接位，这既是他的幸运，同时又是他的不幸。幸运是因为他不需要奋斗就可以拥有旁人奋斗一生或许都得不到的东西，不幸是因为他 9 岁丧父，18 岁丧兄，未及弱冠之年便要撑起千斤重担，承受本不该他这个年纪所要承受的巨大压力。

与曹操和刘备相比，孙权是坐享基业的，但是这并不意味着他很轻松，他所接手的是一个内忧外患、人心不稳的烂摊子。汉献帝建安五年（200），孙策外出狩猎时被许贡的门客刺杀，年仅26岁。孙策临终之前传位于二弟孙权，说道："举江东之众，决机于两阵之间，与天下争衡，卿不如我；举贤任能，各尽其心，以保江东，我不如卿。"孙策的托孤遗言解释了自己选择孙权的原因，而不是与自己相像的三弟孙翊，可以说孙策的眼光相当精准，孙权也不负重托，在前期举贤任能，励精图治，可到了后期就变得十分敏感多疑，果于杀戮，甚至一手制造了太子和鲁王两宫之争长达八年，渐渐将东吴带入无底深渊。

东吴赤乌四年（241），孙权册立的太子孙登英年早逝，年仅33岁。对于长子孙登的早逝，孙权备受打击，人生最悲凉的事情莫过于白发人送黑发人了，或许是这件事情对孙权的刺激很大，以至于他之后做了很多昏聩的决定，与之前贤明的形象判若两人。孙登去世之后，孙权的第三子孙和就成为最为年长的皇子，于是孙权在次年册立孙和为太子，但同时又偏爱四子孙霸。此时，孙权做出了一个足以让他悔恨万分的决定：孙和被立为太子之后不久，他就册封孙霸为鲁王，并且对孙霸的待遇和宠爱与太子孙和无异，于是长达八年的两宫之争正式拉开帷幕。据《三国志·孙霸传》记载："孙霸字子威，和弟也。和为太子，霸为鲁王，宠爱崇特，与和无殊。"

中国自古以来的皇位继承就秉承着"立嫡以长不以贤"的原则，而"废长立幼"则是取乱之道，在三国这个乱世这一点表现得尤为明显，例如袁绍和刘表都因为宠爱幼子，打算废长立幼，以致兄弟相争，手足相残，内讧不断，最后都相继被曹操所灭。而曹操在一开始欣赏曹植的才华，也有废长立幼的想法，但最后鉴于袁绍和刘表失败的教训，决定立长子曹丕为嗣。孙权也算是贤德之君，可在晚年却犯了和袁绍、刘表同样的错误，因为偏爱少子而导致东吴长期的内乱和纷争。孙权的这一举措果然导致太子孙和与鲁王孙霸兄弟不睦，彼此相争，各自拉拢朝臣，形成党派之争。孙霸更是倚仗盛宠，诋毁太子及其支持者，以便取而代之。孙和也不甘示弱，针锋相对，拉党结派之风逐渐滋盛，“自侍御宾客造为二端，仇党疑贰，滋延大臣。”因孙吴称太子宫为“南宫”，故后人也称孙和、孙霸兄弟储位之争为“南鲁之争”，也称作“二宫之争”。

随着孙和、孙霸党羽的深入卷入，他们各自所属的家族成员，也主动或被动地卷入储争。丞相陆逊、大将军诸葛恪、太常顾谭、骠骑将军朱据、会稽太守滕胤、大都督施绩、尚书丁密等遵循礼法，坚决维护太子。骠骑将军步骘、镇南将军吕岱、大司马全琮、左将军吕据、中书令孙弘等依附鲁王，后人称这种情况为“中外官僚将军大臣举国中分”。众公卿大臣们将个人、家族的一些恩怨，也掺杂其中，使得储争更加诡谲激荡。

与曹操、袁绍、刘表三家的储位之争相比，孙权晚年的南鲁党争则更为激烈和凶险，因为在那种情况之下，东吴满朝文武大臣不是太子党，就是鲁王党，竟无一人可以保持中立，置身事外，甚至东吴的丞相陆逊也牵涉其中，这使得东吴政局不稳，内乱不断。起初，陆逊认为既然太子已立，就该遵从立法，上下尊卑有别，并屡次上疏孙权，说道：“太子正统，宜有磐石之固，鲁王藩臣，当使宠秩有差，彼此得所，上下获安。”可惜陆逊的一片忠心却并没有打动孙权，孙权不仅不采纳陆逊的建议，还数次派人指责陆逊参与党争，以致其郁郁而终。据《三国志·陆逊传》记载：“权累遣中使责让逊，逊忿恚致卒，时年六十三，家无余财。”

东吴赤乌十三年（250），就在南鲁党争持续了八年之后，孙权又做了一个昏聩的决定（原本孙权察觉到储位之争已经严重影响到国家的安定，就应该及时收手，早日确定名分，纠正错误，可是孙权的决定却包含了帝王心术）：他先是对太子党的官员严惩，或处死，或流放，太子孙和也被废黜，同时又将鲁王孙霸赐死，并惩处了一批鲁王党官员。这也就是说在孙权晚年持续了八年之久的南鲁党争最后的结果竟是两败俱伤，没有一个获胜者，而无数官员也因此被牵连，大批精英死于此难，这对东吴来说是一个沉重打击。孙权之所以在此事中如此狠辣，主要是因为他想借此事除掉东吴的士族集团，减少威胁，所以会变得滥杀无辜。

孙和与孙霸双双出局之后，孙权居然立年仅 8 岁的幼子孙亮为太子，这为东吴日后的内乱埋下隐患。相较于刘表和袁绍“废长立幼”的做法，孙权的一连串决定则更为昏聩，他忘记了“主少国疑”这一取败之道。东吴神凤元年（252），年仅 10 岁的孙亮即位，大权掌握在权臣诸葛恪和孙峻等人的手上。后来诸葛恪被孙峻杀死，而孙峻之弟孙綝又将孙亮废黜，另立孙权第六子孙休为帝。孙休去世之后，群臣拥立废太子孙和之子孙皓为皇帝。孙皓昏庸无道，滥杀无辜，东吴便长期处于混乱之中，直至灭亡。

东吴后期常年的内乱其实始于孙权立太子孙和之时，可见南鲁党争是导致东吴灭亡的直接推手，孙权负有不可推卸的责任。试想如果孙和顺利继位，那就没有“主少国疑，权臣干政”的问题，东吴也不会政权更迭频繁，内讧不止，这直接拖垮了东吴的国力，更是损失了大量人才。可惜历史没有如果，作为后人的我们也只能接受现实，探讨孙权举措的原因和得失。

陈寿在《三国志》中评价孙权“屈身忍辱，任才尚计，有勾践之奇英，人之杰矣。故能自擅江表，成鼎峙之业。然性多嫌忌，果于杀戮，暨臻末年，弥以滋甚。……其后叶陵迟，遂至覆国，未必不由此也。”陈寿将孙权和越王勾践相比，除了屈身忍辱之外，还有他“只可共患难，不可共享乐”的性格特点也与勾践相似，尤其是他晚年的果于杀戮，导致了东吴的覆灭，可以说陈寿的评价还是很精准的。

孙权的一生可分为两个阶段，在早期时举贤任能，励精图治，颇有一番作为，他审时度势，任用周瑜于赤壁之战打败了曹操，后又任用陆逊于夷陵之战打败了刘备，使得两次战役都取得了胜利，从这一点看他无愧“生子当如孙仲谋”的赞誉；可到了晚年，尤其在经历丧子之痛过后，他性情大变，反复无常，多疑猜忌，果于杀戮，使东吴长期处于内乱之中，最终酿成了亡国之祸。

孙权复杂的性格和晚年的昏聩都让后世印象深刻，如今时过境迁，孰是孰非，也只有留待后人评说。

祢

祢衡

MI HENG

恃才傲物的三国狂士

一提起祢衡这个名字可能很多人都感到陌生，因为他的英年早逝让他没有机会去施展更多的才能，而他的狂傲和不可一世绝对堪称三国第一人！

祢衡字正平，是今山东德州人，自幼以文采和辩才闻名，但是性格刚直高傲，喜欢指摘时事，轻视别人。建安初期，祢衡到许都游学，刚到许昌就在身上藏着一块刻字的木板（相当于现在的名片），希望能够遇到赏识自己的老板，可一圈转下来，他却谁也看不上，以至于木板上的字都模糊不清了，还没有把自己给推销出去。这时有人就问祢衡："你为什么不去投奔陈群和司马朗呢？"祢衡却说："我怎么能和杀猪卖肉的结交呢？"其实陈群和司马朗二人都不是泛泛之辈，陈群是曹魏重臣，三国著名政治家；司马朗则是司马懿的哥哥，在魏国出任高官，二人都是当时很有名望的人，可是祢衡却这般瞧不上，其狂妄程度可见一斑！

又有人问祢衡：“荀彧和赵融怎么样？”祢衡竟说：“荀彧可以借他的脸去吊丧，赵融可以让他管理厨房膳食。”赵融是东汉西园八校尉之一，荀彧更是被曹操誉为当世张良，可是祢衡却谁也看不上，认为普天下的人都不如自己，说话竟还这般言辞犀利，试想这样的人又怎会讨人喜欢？

果不其然，祢衡的人缘一直很差，因为从古到今都很少有人会愿意去跟一个整天嘲讽别人的人成为朋友。不过祢衡也有自己能瞧上的人，那就是孔融和杨修二人。即便是对这两个人，祢衡说话也不很客气，他经常对人说道：“大儿孔文举，小儿杨德祖，余者不足提！”可见祢衡即便是对待自己所欣赏的人时也表现出了十足的狂傲。

当时祢衡才 20 岁，孔融已经 40 岁，但二人还是结为朋友。孔融深爱他的才华，多次向曹操举荐祢衡，曹操求才若渴，也很想见他，可是祢衡一向看不起曹操，就自称狂病，不肯前往，而且还对曹操多有狂言。曹操因此怨恨，但又念祢衡是名士，不想杀他。曹操听说祢衡擅长击鼓，就召他为鼓吏，于是大宴宾客，命祢衡击鼓。祢衡当众演奏《渔阳》鼓曲，容貌姿态与众不同，鼓曲声音节奏悲壮，听到的人无不感慨。

当时祢衡并没有换上鼓吏的衣服，就径直走到曹操跟前。下吏让他换衣服，以示恭敬。祢衡于是当众开始脱衣服，直脱到一丝不挂地站在那里，然后再慢慢地穿鼓吏的衣服，换好之后又打了一通鼓然后扬长而去，从头至尾脸上没有丝毫惭愧的表情。这时曹操尴尬地笑了一下说道：“本来想羞辱祢衡的，却没想到反倒被祢衡羞辱！”

其实祢衡这事儿确实做得不地道，等于是把推荐他的孔融放在了尴尬位置上。孔融觉得很没面子，于是就叫祢衡去给曹操道歉，祢衡爽快地答应了。曹操听说也很高兴，大度为怀，希望能跟祢衡尽释前嫌。可是曹操等了一天，祢衡才慢悠悠地过来，而且还只穿了一件普通的单衣，戴着普通的头巾，手里拿着三尺长的大杖，坐在曹操大营门口一边用大杖击地一边很有节奏地在骂曹操。曹操非常生气，说道："祢衡这小子以为我杀不了他吗？我杀他就像杀一只老鼠一样简单,可是他徒有虚名，杀他天下人会以为我不能容人，就打发他去刘表那儿吧！"

祢衡走之前，曹操还专门给他办了个欢送会。由于祢衡的人缘实在太差，那些奉命前去为他饯行的大臣看到其走过来是躺的躺，坐的坐，竟没有一个人上前主动搭话，想以此给他一个下马威。这时只见祢衡坐到地上号啕大哭，众人不解，就问他为何而哭。祢衡却说："躺着的是尸体，坐着的是坟墓，我走到尸体和坟墓之间又怎能不伤心呢？"于是众人都非常生气。试想这样一个出言不逊、总是借机讽刺挖苦别人的人又怎能不遭别人怨恨呢？

祢衡到刘表那里之后，刘表也很尊敬他。可好日子没过多久，他的老毛病又犯了，开始嘲讽刘表，刘表觉得屈辱，于是又把他送给黄祖。黄祖这个人向来有勇无谋，脾气暴躁，刚开始他也很敬重祢衡，对他很是优待，可是没过几天，祢衡可能觉得太无聊了，又开始骂黄祖，还说他是"死老头"。这黄祖是个大老粗，哪受得了这个，一时气愤居然当即下令把祢衡给砍了。事后黄祖也后悔了，下令将其厚葬！可怜祢衡死的时候只有 26 岁，英年早逝岂不可悲！

祢衡这种人如果放在今天来说就是典型的愤青，他的悲惨结局也正是应了"祸从口出"这四个字，属于自讨苦吃，怨不得别人。祢衡骂人有一个规律，那就是他总骂当局，在曹操那儿骂曹操、在刘表那儿骂刘表、在黄祖那儿又骂黄祖，这就是纯粹的自己找死了，自诩才高，狂放不羁。这种人走到哪里都不会有人喜欢，即便黄祖当时没有杀他，以祢衡这种作死的性格也活不长久！他的悲剧其实早已注定！这告诉我们无论如何都不应该恃才傲物，狂放不羁，这样做的结果只能是自取灭亡！

尔虞我诈的三国乱世，是充满智慧和挑战的。研读三国，学习处事之道，平和待人之策。

司马昭

SIMA ZHAO

司马昭之心，路人皆知

相信很多人都听过“司马昭之心，路人皆知”这句话，可若说起这句话的来历和背景，只怕鲜有人知。司马昭，字子上，是司马懿的第二个儿子，司马师的弟弟。司马昭出生于河内赫赫有名的司马家族，他的仕途理所当然一路顺畅，年仅 28 岁就被封侯爵。不得不说在一个拼爹的时代司马昭是相当幸运的，借着老爹司马懿的庇护，他的官位自然也是芝麻开花节节高。

虽然司马昭存在拼爹嫌疑，占有先天优势，但他本人也并非是无能之人，才干虽不及父兄，倒也能继承家业。曹魏正始十年（249），司马昭之父司马懿终于卸下伪装的包袱，停止了将近三年的装病生涯，趁着政敌曹爽和天子曹芳离开洛阳前往高平陵祭拜魏明帝之时，封锁宫门，上奏郭太后请废曹爽兄弟，并以谋反罪诛杀曹爽及其党羽三族，从此开始专权国政，这一事变史称高平陵政变。

曹魏嘉平三年（251），魏国大臣王凌因不满司马氏专权，欲起兵讨伐，结果消息走漏，被司马懿斩杀。不久，司马懿去世，长子司马师独揽朝廷大权。曹魏嘉平六年（254），皇帝曹芳不愿继续傀儡的生涯，打算发动政变废除司马师，改立夏侯玄为大将军。可惜计划泄露，于是司马师废曹芳为齐王，改立高贵乡公曹髦为帝。曹魏正元二年（255），魏国再次发生叛乱，毌丘俭、文钦等在淮南起兵勤王，司马师带病亲征。其间，文钦之子文鸯带兵袭营，司马师虽然平定了叛乱，但因惊吓过度，致使眼珠震出眼眶，没过多久就去世了。

由于司马师没有儿子，他临终之前将权力移交给弟弟司马昭，而司马昭跟随父兄经过数年的锻炼也是当时最合适的人选。魏帝曹髦听闻司马师已死，大喜过望，认为夺权的机会已到，于是命司马昭镇守许昌，令尚书傅嘏率六军回京师。这一计谋被司马昭识破，于是他抢先一步率军回京。曹髦见大局已定，只得晋封司马昭为大将军，总揽朝政。此时司马昭才真正地站在了权力的巅峰，可以说他是一个无底线之人，才干不及父兄，而手段之阴狠则胜过父兄。

曹魏甘露二年（257），魏国第三次发生叛乱，镇东将军诸葛诞联合东吴为外援，率军讨伐司马氏。或许有人会问诸葛诞和诸葛亮是什么关系呢？没错，诸葛诞正是诸葛亮的堂弟，在魏国官处显任，此次出兵也只是不满司马氏专权。诸葛三兄弟分仕三国，自古以来就有“蜀得其龙，吴得其虎，魏得其狗”的说法，这里的狗指的是功狗，说的正是诸葛诞。虽然诸葛诞的才能和名声不及两位堂兄，但他本身也有过人之处。诸葛诞此次出兵吸取前两次兵败的经验，做了充分准备，还联合东吴为援，东吴派遣魏国第二次叛乱失败后投降的文钦率兵相助诸葛诞。

面对如此浩大的声势，司马昭决定效仿父兄，亲征平叛，但他又担心后方大本营出事，毕竟他的父亲当年正是趁着曹爽外出才政变成功的，前车之鉴不可不察。于是历史上颇具戏剧性的一幕上演了，司马昭携天子与太后共同出征。由于诸葛诞军中内讧，司马昭在次年就平定了叛乱，诸葛诞手下数百名不愿投降的士兵被杀。曹魏甘露五年（260），皇帝曹髦已经 20 岁，他眼见威权日去，国家政事自己不能做主，心中不安，又常忧虑被废受辱，于是在殿上召集百官打算废黜司马昭。

说起这曹髦，可真是不同于其他傀儡皇帝，他有胆识，有见地，属于少年英才。起初司马师废曹芳立曹髦为帝时，曹髦年仅 14 岁，但却举止得当，威仪出众，魏国上下见状无不欢喜。司马师当时还问钟会："上何如人也？"意思就是说当今皇上是个怎么样的人呢？钟会回答道："文同陈思，武类太祖。"可以说这八个字的评价是相当高的，钟会的意思是说当今皇上的文采可以同陈思王曹植相比，武略堪比魏武帝曹操。司马师听了这个评价心里相当不是滋味儿，想必他当时是十分后悔选择了曹髦为帝，这也难怪，一个 14 岁的少年在文才武略上就可以比肩曹操和曹植，那他长大必然不易控制。司马师毕竟城府极深，虽然心里这样想，但嘴上还是违心地说道："如卿所言，社稷之福也！"

如今曹髦继位已经六年，从少年已然成长为青年，胸怀大志的他眼见帝势衰微，自然不甘坐以待毙。血气方刚的曹髦决定反击，虽是以卵击石也要奋起反抗。据《三国志》裴松之注引《汉晋春秋》记载："帝见威权日去，不胜其忿。乃召侍中王沈、尚书王经、散骑常侍王业，谓曰：'司马昭之心，路人皆知也。吾不能坐受废辱，今日当与卿等自出讨之。'"原来这妇孺皆知的话就是出自曹髦之口，而这里所说的司马昭之心自然指的是司马昭谋权篡位之心已经昭然若揭。

曹髦说完这话之后，王沈、王经和王业三人大惊失色，纷纷劝其隐忍。曹髦将早已写好的诏书扔在地上，说道："行之决矣。正使死，何所惧？况不必死邪！"只是可惜曹髦纵有中兴魏室之心，但毕竟年轻，所托非人，三人中除王经外，其余两人担心祸及自身，便向司马昭报告了这一消息。

司马昭于是召护军贾充等做戒备。曹髦亲自驾车率领左右进攻司马昭的府邸，到达南阙时贾充率领兵将挡住曹髦，但相府中的兵将见皇帝亲自挥剑指挥，无人敢上前迎战。

就在这危急时刻，一个叫成济的家伙大概脑袋缺氧，主动前来送死。据《三国志》裴松之注引《汉晋春秋》记载："太子舍人成济问充曰：'事急矣，当云何？'充曰：'蓄养汝等，正谓今日。今日之事，无所问也。'济即前刺帝，刃出于背。"这个成济是真不怕死，敢冒天下之大不韪在公共场合将天子一戟刺死，他也不想想杀死了皇帝他还能活吗？果不其然，司马昭为了向天下臣民交代，下令斩杀了成济三族。或许成济到死都不明白自己到底错在了哪里，他只想着自己为司马氏立下不世功业，可是却忽视了封建礼法。在封建时代，杀皇帝是属于大逆不道的，即便是傀儡皇帝也依然是天下之主，该有的礼法不可缺，更何况成济还是在众目睽睽之下将皇帝杀死，那为了堵住天下悠悠之口，也只有牺牲他了，连这个道理都不明白，成济的智商真是堪忧！可怜曹髦死时年仅20岁，他虽在位短短六年，却也尽己所能地在为百姓谋福祉。他天资聪颖，如若生在治世必是一代明君，可惜他生错了时代，当时魏国大势已去，他也无能为力。但无论如何，曹髦可以说是历史上死得最惨烈的皇帝了。事后司马昭又杀了没有像自己告密的王经三族，如此狠辣果决的手段比起他的父兄来真是有过之而无不及。

司马昭弑君之后，经过与公卿们商议，决定迎立燕王曹宇之子常道乡公曹璜为天子，这个曹璜后来更名为曹奂。曹魏政权传到了曹奂这一代时气数将近，鉴于曹髦的前车之鉴，曹奂只是听从司马昭的指令，安心做一个彻头彻尾的傀儡皇帝，或许只有这样才能保命。曹魏景元四年（263），司马昭为了代魏自立，急需建立功勋，于是此时提出伐蜀的主张，并任命钟会和邓艾为主将，率军伐蜀。原本钟会大军皆被姜维挡在剑阁，后勤补给困难，伐蜀几乎功败垂成，不想邓艾偷渡阴平，行七百里无人之地，兵锋直指成都，刘禅开城投降。司马昭此次伐蜀行动出乎意料的顺利，从出兵到灭蜀仅用了不到三个月的时间。

曹魏咸熙元年（264），司马昭灭蜀之后居功至伟，曹奂下令封他为晋公，加九锡，想当年曹操就曾被汉献帝封为魏公，加九锡，所以这个阶段基本就是篡权的前奏了。西晋泰始元年（265），司马昭去世，在他死后刚四个月，其子司马炎便迫不及待地代魏称帝，国号晋，追封司马昭为文帝，至此立国 45 年的魏国正式灭亡。

司马昭是一个怎样的人呢？诚然，他弑君犯上，心狠手辣，玩弄权术，工于心计，继承了司马家族不择手段的传统和基因，甚至比他的父兄做得更绝。其父司马懿当年灭了宗室曹爽三族，其兄司马师也只是行废立之举，废掉曹芳另立曹髦，他们都还算是有底线的。可到了司马昭手里，他敢于弑君，全然置礼法于不顾，毫无底线可言，可以说他将“不择手段”这四个字发挥到了极致。所谓天道循环，晋朝得位不正，国祚自然难以长久。就在司马炎灭吴统一天下之后的第 12 年，西晋爆发了八王之乱，不久即宣告灭亡。不知司马昭地下有知看到这样一个结局又该做何感想呢？

袁绍

YUAN SHAO

“四世三公”的联军盟主

自古以来胜者王侯败者贼，历史都是由胜利者所书写，在三国这样一个英雄辈出的时代更是如此。

袁绍作为一代枭雄也曾叱咤风云，但由于在官渡之战中败给了曹操，从此便成为历史的失败者，渐渐淡出人们的视线。这一次的失败足以抹杀袁绍的全部功绩和辉煌，不由不令人深感痛惜！

袁绍，字本初，出身于东汉后期一个势倾天下的官宦世家“汝南袁氏”。从他的高祖父袁安起，袁氏四世之中有五人官拜三公，因此称为“四世三公”，而袁绍一直引以为豪的也正是这样一个耀眼的出身。在汉末纷乱的局势下，一个好的出身尤其重要。袁绍乃是袁逢的庶子，其母身份低微，只是一个婢女，因而袁逢嫡出的儿子袁术非常瞧不起自己这位兄长，不承认袁绍是袁氏子孙。也正是这个原因，袁逢一早便将袁绍过继给自己早逝的兄长袁成。袁绍生得英俊威武，甚得袁逢喜爱。凭借世资，他年少为郎，不到20岁已出任濮阳县令，有清正能干的名声。不久，袁绍因母亲病故服丧，接着又补服父丧，前后共六年。

由于袁氏门第显赫，门生故吏遍天下，因此前来奔丧的人络绎不绝，甚至将道路堵得水泄不通。这时正是东汉统治日趋黑暗的年代，宦官专政愈演愈烈，残酷迫害以官僚士大夫和太学生为代表的“党人”。袁绍虽自称隐居，表面上不妄通宾客，其实却在暗中结交党人和侠义之士。据《三国志》裴松之注引《英雄记》记载：“礼毕，隐居洛阳，不妄通宾客，非海内知名，不得相见。又好游侠，不应辟命。”

东汉中平六年（189），汉灵帝去世，长子刘辩即位，袁绍与大将军何进共谋诛宦官，但太后不从。原本东汉时期的宦官之祸早在汉和帝之时就已存在，由来已久，因此这并非在短时间内可以解决的问题，只需剪除首恶，其余不必尽除。可偏偏袁绍不懂得这个道理，还出了一个馊主意。据《三国志·袁绍传》记载：“乃召董卓，欲以胁太后。”为了几个宦官，袁绍居然要召外兵进京，这岂非引狼入室之谋？正所谓请神容易送神难，袁绍此举可谓因小失大，而董卓进京也是汉末天下大乱的源头，从这个角度来说，袁绍间接造成了那将近一个世纪的战乱与纷争。

董卓进京之后，张让等为首的几个宦官自知难逃一死，决定破釜沉舟，将大将军何进杀死在宫墙之内。何进被杀之后，袁绍带兵冲入皇宫，将宦官斩尽杀绝，有些没长胡须的年轻后生也被误杀，死者两千余人，血流成河。据《三国志·袁绍传》载：“绍既斩宦者所署司隶校尉许相，遂勒兵捕诸阉人，无少长皆杀之。或有无须而误死者，至自发露形体而后得免。宦者或有行善自守而犹见及。其滥如此。死者二千余人。”袁绍此次的大肆杀戮体现了他的昏庸和残忍，至此，维持东汉王朝的两大势力：外戚和宦官两败俱伤，再也无力干预朝政，取而代之的是各地军阀。

同年，董卓为了树立自己在朝中的威信，决定行废立之事，废皇帝刘辩为弘农王，改立陈留王刘协为帝。袁绍在这件事情上的表现可谓精彩，据《三国志·袁绍传》裴松之注引《汉晋春秋》记载：“卓欲废帝，绍曰：‘汉家君天下四百许年，恩泽深渥，兆民戴之来久。今帝虽幼冲，未有不善宣闻天下，公欲废嫡立庶，恐众不从公议也。’卓谓绍曰：‘竖子，天下事岂不决我？我今为之，谁敢不从？尔谓董卓刀为不利乎！’绍曰：‘天下健者，岂唯董公？’引佩刀横揖而出。”袁绍在面对董卓的强硬态度时，没有畏惧和退缩，而是义正词严地反驳，颇有大丈夫的英雄气概。可惜这样的时刻毕竟只是昙花一现的瞬间，并未伴随袁绍太长时间，之后的他甚至打算另立皇帝，这和当初的董卓又有何区别？

东汉初平元年（190），由于董卓的倒行逆施，惹得天怒人怨，于是关东州郡纷纷起兵讨伐董卓，推举袁绍为盟主。董卓得知袁绍在山东起兵，就把袁绍的叔叔袁隗以及在京师的袁氏宗族全部给杀了。此时，豪杰大多归附袁绍，而且因他一家遭难受到感动，人人想着为他报仇，所以州郡蜂拥而起的部队，没有不打袁氏旗号的。

董卓见关东盟军声势浩大，于是挟持献帝，驱赶洛阳百姓迁都长安。但是，讨伐董卓的各州郡长官各怀异心，迁延日月，保存实力。酸枣驻军的将领每日大摆酒宴，谁也不肯去和董卓的军队交锋。酸枣粮尽后，诸军作鸟兽散，一场讨伐不了了之。同样参与讨董盟军的曹操曾在一首诗中描写了当时战乱的惨象，以及关东军阀不思报国的自私面庞，其诗曰：关东有义士，兴兵讨群凶。初期会盟津，乃心在咸阳。军合力不齐，踌躇而雁行。势利使人争，嗣还自相戕。淮南弟称号，刻玺于北方。铠甲生虮虱，万姓以死亡。白骨露于野，千里无鸡鸣。生民百遗一，念之断人肠。

起初，各路诸侯集结讨伐董卓，是为了匡扶汉室，上报国家，下安黎庶。可是就在东汉王朝面临内忧外患、岌岌可危之时，各路诸侯眼见汉室倾危，便不思进取，名为讨董，实则发展势力，以图壮大。如果说当时还有人尚以国家为念，奋不顾身起兵诛乱，那也只有两个人，就是曹操和孙坚。袁绍由于“四世三公”的出身被推为盟主，可是却不能团结所有力量，拯救国家危亡，整日里大摆宴席，观望不前，大失天下之所望，使得此次的讨董行动雷声大雨点小，草草收场。后来刘备三顾茅庐时，诸葛亮在著名的《隆中对》中说道：“自董卓以来，豪杰并起，跨州连郡者不可胜数。”可见汉末天下大乱的根源在于董卓之祸，在这一点上袁绍实在负有不可推卸的责任。

汉献帝建安四年（199），袁绍占据了青、冀、幽、并四州，统一了河北，拥有几十万军队，俨然成为汉末实力最强的一方诸侯。随着实力的增强，他的野心更大了，给献帝的进贡逐渐减少了。此时，袁、曹之间的一场决战已到了不可避免的时候。袁绍决定驱使 10 万精锐步兵和 1 万骑兵夺取许都，一举攻灭曹操。当时袁绍部下意见纷纭，沮授建议以逸待劳，采取持久战，而郭图、审配则主张速战速决。袁绍自恃地广兵强、粮食充足，根本听不进沮授的忠告，郭图等人又在背后进谗言诋毁沮授，因此袁绍削弱了沮授统兵的权力。

汉献帝建安五年（200），刘备杀徐州刺史车胄，背叛曹操，曹操为消弭后患，领兵攻打刘备。此时，田丰劝袁绍趁曹操在外，举兵袭击他的后方定可获胜，可是袁绍却以孩子有病为由拒绝了。据《三国志·袁绍传》记载：“建安五年，太祖自东征备。田丰说绍袭太祖后，绍辞以子疾，不许。丰举杖击地曰：‘夫遭难遇之机，而以婴儿之病失其会，惜哉！’”袁绍在面对如此千载难逢的良机时，居然因为孩子生病而错过，实在是优柔寡断，绝非做大事之人，这种不分轻重缓急的性格也不适合乱世的生存法则。

起初，在官渡之战刚爆发时，袁绍势力庞大，完全有机会消灭曹操，独成霸业，因此曹操帐下的谋士大多认为袁绍不可战胜，主张讲和，更有甚者写信给袁绍，为自己找条退路。就在形势极为不利之时，曹操对袁绍的一番评价才鼓舞了士气，曹操说：“吾知绍之为人，志大而智小，色厉而胆薄，忌克而少威，兵多而分画不明，将骄而政令不一，土地虽广，粮食虽丰，适足以为吾奉也。”可以说曹操对袁绍的这一评价还是十分精准的，一席话道出了袁绍多谋寡断的性格缺点。

就在官渡之战进入到相持阶段时，袁绍手下的颜良、文丑两员大将先后被曹操所杀，其中颜良是被关羽所杀，而文丑则是死于乱军之中，这极大地削弱了袁军的战斗力。而后，袁绍手下文武又明争暗斗，各结党羽，十分不团结，这使得许攸叛逃，投降曹操。许攸的背叛是官渡之战曹操反败为胜的转折点。因为曹操采纳许攸之计，当机立断派轻骑火烧乌巢，取得了战争的决定性胜利。不得不承认曹操在做决策方面十分果断，在这一点上远胜于袁绍，作为一个领导人如果遇事总犹豫不决就会坐失良机，正所谓“当断不断，必受其乱”。

当曹操奔袭乌巢之时，袁军部将张郃主张救援，郭图却认为应该进攻曹军大营，袁绍听从郭图的建议，不救乌巢，从而逼反了带兵攻打曹营的张郃、高览二将，使得袁军大乱，一蹶不振。在此战中，袁绍损失七八万人，而自己也在两年之后郁郁而终。袁绍这个人有个特点，凡是对他有利的意见他一概不听，凡是对他不利的意见他通通照办，总的来说，他能够成功地避开所有正确的意见，这种特异功能也不是人人都能具备的。

袁绍在临终之前，又犯了一个严重的错误，那就是立嗣之事。袁绍因为少子袁尚长相俊美，格外偏爱，打算废长立幼，传位于袁尚。据《三国志·袁绍传》记载："绍爱少子尚，貌美，欲以为后而未显。"袁绍喜欢小儿子袁尚的理由可真是有够奇葩的，居然是因为貌美，曹操虽然也偏爱少子曹冲，但那是因为曹冲的聪明。可想而知，袁绍以这个理由偏爱少子必然会引起兄弟相争。袁绍去世之后，长子袁谭和少子袁尚为了争权夺利而相攻，最后被曹操各个击破。汉献帝建安十二年（207），曹操先后消灭了袁氏所有势力，统一了北方，而袁绍也成为历史书上的一个不起眼的名字。

袁绍其人，出身官宦世家，少年时便播名海内，在董卓废立皇帝时也曾仗义执言，颇显英雄本色；可他作为讨董联军的盟主，不思进取报国，只想扩大自己的势力，实在有违忠义；在官渡之战时，袁绍在占有优势的情况下一意孤行，不纳忠言，败给了实力弱小的曹操；最后他又废长立幼导致兄弟相争，可以说这一连串错误使他陷入万劫不复之地，乃至数十年奋斗之基业毁于一旦。以史为镜，可知兴替；袁绍之失，为后永鉴！

袁术

YUAN SHU

自视过高的愚蠢诸侯

东汉末年，天下大乱，诸侯割据，群雄并起。在这个尔虞我诈的三国乱世，如果有人自视过高，刻意托大，那势必会吃大亏的。让人深感意外的是，偏偏有人不信邪，率先犯了这个错误，这个人就是袁术。

袁术字公路，是袁绍同父异母的弟弟，所不同的是袁绍的母亲只是一个婢女，身份低微，而袁术则是袁逢的正牌嫡子，也正因此，袁术一直以来都有一种优越感，并自视过高，不把其他诸侯和自己的哥哥放在眼里，狂妄不可一世。其实袁术早先也是比较有能力的，是汉末三国时期一个相对比较大的诸侯，门下也聚集了不少文武之才，只可惜此人刚愎自用，不能从善如流，终蹈大祸。

起初，董卓入洛阳，废少帝立献帝，为祸宫廷。袁术惧祸逃往南阳，长沙太守孙坚引兵从之，袁术于是和孙坚联手。孙坚领军出征，袁术在后方提供粮草。孙坚率军击败吕布，斩杀华雄，取得大捷。（在正史中华雄确实为孙坚所杀，所以也并没有关二爷温酒斩华雄这一段，这实在是罗贯中先生张冠李戴的结果。）就在孙坚连战连捷之时，袁术担心孙坚会尾大不掉，之后将难以制约，于是不发军粮给孙坚。孙坚便连夜赶回严词切责袁术，袁术惭愧，立即给孙坚调发军粮。对于部队来说，粮食是军中命脉，正所谓“兵马未动，粮草先行。”如果军队粮食不足则很容易引起哗变和动乱，袁术作为一方诸侯不可能不懂得这个道理，可他却为一己私利不发粮草给孙坚军，完全置国家安危于不顾，其心胸之狭窄可见一斑，这也就不难理解他最后的悲惨结局了。

袁术曾经做过一件很荒唐的事，那就是他居然当着所有部下的面说道：“术生年以来，不闻天下有刘备。”什么意思呢？就是说我袁术活到这么大，从来就没有听说过刘备这个人。其实他说这句话是很愚蠢的，刘备当时虽然实力弱小，可素有英雄之名、英雄之魂，天下无不敬仰，袁术不可能没有听过刘备。况且刘备胸有大志，宽仁下士，虽屡遭挫折却也是当时公认的英雄，他投曹操，曹操盛情相待；降袁绍，袁绍出城相迎；依刘表，刘表更待以上宾，可见刘备在当时并非无名之人，反倒有一定的影响和声望。

那么袁术又为什么要说这么一句话来得罪刘备呢？首先袁术自视甚高，认为自己出身名门之后，老袁家四世三公的名号是何等响亮，所以他向来看不起织席贩履出身的刘备。再加上袁术又是袁家的嫡子，而与袁术同父异母的兄长袁绍却是婢女所生，因此袁术也瞧不上自己的这位哥哥，经常出言恶性攻击哥哥袁绍，说道：“天下的士子，你们不投奔我，却反倒投奔我们袁家的奴才，是为了什么？”甚至还写信给公孙瓒，说袁绍不是袁氏子孙。袁绍得知后大怒，兄弟自此反目。由此可见袁术这个人真的是愚蠢透顶，太过自以为是，认为全天下谁也比不上自己，又怎会把那区区刘备放在心上，所以才说出了那句“语不惊人死不休”的话。如此愚不可及之人如果不做点什么惊世骇俗之事未免也太对不起观众了。

东汉建安二年（197），袁术获得玉玺后，便自认为自己上合天意，下顺民心，遂不顾众人反对于寿春登基称帝，自号仲氏皇帝。生活上他奢侈荒淫，挥霍无度。后宫妻妾有数百人，皆穿罗绮丽装，精美的食品应有尽有，而他军中的士兵却处于饥寒交迫的状态。在他的腐败统治下，江淮一带民不聊生，许多地方断绝人烟，饥荒之中甚至出现人吃人的现象。

自古以来凡成大事者无不以民为本，爱兵如子，可袁术却只顾自己享乐，而不顾自己的士兵和百姓挨饿受冻，他没有想到一旦发生战事还是要靠士兵和军队来保护自己，如此奢侈腐败可见他的目光十分短浅，即便当了皇帝也必不会长久。果不其然，袁术冒天下之大不韪率先称帝后，遭到一片反对声，孙策绝交，吕布悔亲，曹操出击，可以说这个时候的袁术是众叛亲离，已然成为众矢之的。在这个人人都想称帝却又不敢称帝的乱世，如果有人率先称帝那么这个人一定会成为所有人攻击的对象，只可惜袁术不明白这个道理，最后兵败的结局也早已注定。

或许有人会问袁术何以这般自负，在实力、地盘和才干皆不及人的时候居然敢率先称帝。这是因为袁术认为汉室已不可复兴，如果有人够资格当皇帝的话那一定是袁家，因为老袁家四世三公，门生故吏遍天下，是当时最有名望的大族，而袁家里最有资格称帝的则是他袁术，因为他是嫡出，身份高贵，这就是他打得十分荒唐的如意算盘。就在袁术准备自立称帝的时候又发生了一件怪事：当时有一句流传很广的谶语，叫作“代汉者，当涂高”。袁术字公路，于是他便天真地认为这句话指的就是自己，这件事的发生使袁术更加确认自己就是真龙天子，同时也加快了称帝的步伐。然而他却忽略了一件事：在乱世，出身固然重要，但能力和才干则是最重要的，而袁术显然是不具备这种能力的，贸然称帝的结果只能是自取灭亡。

东汉建安四年（199），袁术在风雨飘摇、四面楚歌以及胆战心惊中度过了两年半的皇帝生涯，而此时他的生命也已然走到了尽头。具有讽刺意味的是前去追击征伐并置袁术于死地的人正是他当初说不认识的刘备。同年，曹操派刘备率大军前去讨伐袁术，此时走投无路的袁术欲将帝号归于兄长袁绍，可是一切都已经晚了，就在袁术投奔袁绍长子袁谭的路途中，被刘备截住去路，袁术军不得过。

此时正值六月盛夏，袁术军中断粮，众人口渴难耐，袁术想要喝蜂蜜水解渴也不能够。于是便大喊一声："我袁术怎么会落到今天这步田地呢？"最后呕血斗余而死。可悲的是袁术到死都不明白自己究竟错在哪里，为何会灭亡得这么快。讨伐袁术的刘备听说袁术死前的惨样，不禁冷笑一声说道："哼，凭你袁术确实没有资格知道我刘玄德是谁！"由此看来无论在什么时候都不能刻意托大，自视过高，否则结果往往会让自己感到悔不当初！

借古方能喻今，袁术就是因为一贯托大，自视过高，犯了这个严重的错误，所以才导致众叛亲离，落得个兵败惨死的结局！所以三国历史告诫我们：无论在任何时候都不要自视过高，为人要低调，否则吃亏的只会是自己！

诸葛恪

诸葛

ZHUGE KE

好高骛远的东吴官二代

一提起诸葛恪，很多人都不太熟悉，但是如果说起他的叔父，那便是家喻户晓、妇孺皆知的人物了。不错，诸葛恪正是千古贤相诸葛亮的侄子，东吴大将军诸葛瑾的长子，出生于拥有如此强大光耀背景的诸葛之家，想必诸葛恪也不会差！

诸葛恪字元逊，琅琊阳都人。据载，诸葛恪从小聪慧过人，机敏绝伦，有神童之称，吴主孙权非常赏识他的才华，并且对他委以重任。关于诸葛恪的机敏有两件事情可以证明：东吴黄武元年（222），诸葛恪弱冠后便被拜为骑都尉，与顾谭、张休等人随侍太子孙登讲论道艺，成了太子的宾友。一次，孙权见到诸葛恪，问他："你的父亲和你的叔父谁更优秀？"诸葛恪应声回答："我的父亲更优秀。"孙权问他原因，诸葛恪说："我的父亲知道应该服侍谁，而叔父不知，所以我的父亲更优秀。"孙权听罢大笑。

后来蜀国有使者到来，群臣集会，孙权对蜀国使臣说："诸葛恪喜欢骑马，回去告诉诸葛丞相，为他的侄子选一匹好马送来。"诸葛恪当即跪在孙权面前拜谢，孙权感到奇怪，就问他："马还没有到，为何就当面称谢呢？”诸葛恪说：“蜀国就好像陛下在外面的马厩。如今有了旨意，好马就一定能送到，我如何敢不谢呢？”从这两个故事可以看出诸葛恪善于应变以及迎合君王，机敏过人，但这毕竟只是逞口舌之能，而并非安邦定国之道。

此时的诸葛恪可谓是年轻有为，意气风发，几乎所有的人都认为诸葛恪这个后起之秀将是吴国的未来，前途更是不可限量。可是只有诸葛恪的父亲诸葛瑾整日忧心忡忡，眉头紧锁，并经常说道：“诸葛恪这小子不会使诸葛家兴盛，却反倒会害得诸葛家遭受灭门之祸啊！”对于诸葛瑾的这个担忧，很多人都以为他是高兴过头糊涂了才会这样讲。可正所谓知子莫若父，诸葛恪最终的结局却正是应了父亲诸葛瑾当年的这一句评价，真是令人感叹万分！诸葛恪固然才思敏捷，但是却好高骛远，刚愎自用，不能从善如流。吴主孙权认为诸葛恪不同凡响，便想考察他的能力，任命他为代理节度，接替去世的徐详掌管部队的粮食供应。诸葛恪认为让自己管理粮食是大材小用，于是整日闷闷不乐，不想做这个烦琐无趣的工作。这时远在蜀汉的诸葛亮听说了这件事后便给东吴大都督陆逊写了一封信，说道：“家兄（诸葛瑾）年纪大了，侄儿（诸葛恪）又性格疏漏，现在他主管粮食供应，粮谷是军中最要紧的东西，我虽然在远处，也暗地感到不安，请足下为我特别转告至尊（孙权）。”陆逊于是和诸葛瑾一起上奏要求罢免诸葛恪，孙权立即转让诸葛恪领兵。

从这件小事就可以看出来诸葛恪的性格特点是好高骛远，自以为是，看不上粮食供应这样的工作，觉得有辱身份。如果此时他意识并改正自己性格上的缺点，那么想必他的结局也不会太悲惨，可惜诸葛恪仍然一意孤行，意气用事。东吴赤乌十四年（251），孙权卧病在床，而太子孙亮年纪还小，讨论可以托付的大臣，群臣都属意于诸葛恪。孙权嫌弃诸葛恪刚愎自用的性格，孙峻认为当今朝臣没有比得上诸葛恪的，坚持担保他，于是就征诸葛恪来建业。孙权下诏道：“吾病情沉重，恐怕没有再见的机会了，所有事情都托付给你。”诸葛恪悲泣道：“我们都深受皇恩，会以死遵从诏书，希望陛下不要担心外面的事。”孙权便命诸葛恪兼任太子太傅，将除了生杀大权以外的所有事情都托付给他。可以说这一幕与刘备临终前托孤诸葛亮的情景十分相似。

东吴神凤元年（252），孙权病危，又召集诸葛恪、孙弘、太常滕胤、将军吕据以及侍中孙峻处理身后事。第二天，孙权去世，年仅 10 岁的太子孙亮即位，拜诸葛恪为太傅。诸葛恪辅政前期，为收取民心，广施德政，取消监视官民情事的制度，罢免耳目之官，免掉拖欠的赋税，取消关税。每一举措，都尽量给百姓以德泽实惠，民众无不高兴。诸葛恪每次外出，都有很多人引颈相望，想一睹其风采。

同年，魏大将军司马师想借孙权新亡，吴国政局不稳之际乘机攻吴，于是三路进军伐吴，吴军情告急，诸葛恪亲自率领 4 万援军到东兴。此战东吴以少胜多，大败魏军，还缴获了大批军需物资。吴主孙亮进封诸葛恪为阳都侯，加封丞相，督中外诸军事。此时诸葛恪的权势达到了巅峰状态，地位与自己的叔父诸葛丞相当年相比，可谓是有过之而无不及，所不同的是诸葛恪并没有叔父的胸襟气度和高洁品德，在东兴之战获胜后，他便产生了轻敌之心，性格也越发骄狂。

东吴建兴二年（253），诸葛恪又要出兵伐魏。大臣们认为国力不支，军士疲惫，一致劝阻。诸葛恪不听，还特意写了一篇文章来晓谕众人。文中诸葛恪举出古今事例，认为天无二日，民无二主，不乘此时伐魏，将留下长远的遗憾。大臣们明知诸葛恪强词夺理，但形格势禁，一时无人敢再劝阻。诸葛恪在此时展现了他刚愎自用的性格特点，自从东兴之战胜利后，他便不把魏国放在眼里，甚至认为一统天下也指日可待。出于这种心理，诸葛恪不顾众人反对，执意征发20万人伐魏，想要完成叔父诸葛亮当年未竟的心愿。

其实诸葛恪虽然从未见过叔父诸葛亮，可是对于叔父的感情他是既佩服又不服，一直想与叔父比个高低，甚至他一度以为自己要胜过叔父诸葛亮，所以才会坚持讨伐魏国，希望获得比叔父当年更多的功绩和更高的声望。可正所谓心急吃不了热豆腐，诸葛恪不愿踏实工作，一心求

胜又怎会取得胜利！果不出所料，诸葛恪首战失利，吴军20万大军居然迟迟攻不下只有3000人防守的新城，士卒病亡战死者过半，损失惨重。直到此时诸葛恪才自知攻魏失策，可是又以攻城不下为耻，刚愎自用的他不许任何人提反对意见，军心涣散，此时魏军又前后夹攻吴军，诸葛恪大败而走。自此百姓对诸葛恪大失所望，一时之间怨声载道，而诸葛恪却安然自若。此后，诸葛恪愈加威严，动不动就对人横加责备，权势如日中天，吴国上下是敢怒不敢言。他还改换宿卫人员，用他亲近的人来担任，并命令部队整装待发，想进攻青州、徐州。

原本胜败乃兵家常事，诸葛恪伐魏失利也是意料之中，如果他能效

仿叔父诸葛亮当年街亭战败后主动承担全部责任的做法，尚有补救余地，可是他不仅不承担责任，反倒欲盖弭章，推卸责任，意气用事，一意孤行，这便激起了民愤，引起吴国骚动和不安。值此之时，吴国的宗亲大臣孙峻想和诸葛恪争权，便利用这个机会联合吴主孙亮设下鸿门宴，并在宴会中将诸葛恪斩杀，可怜诸葛恪死时只有51岁，父亲当年的预言和叔父的评价都已成为现实，岂不可悲可叹！

具有讽刺意味的是设计杀死诸葛恪的孙峻正是当年向孙权力荐诸葛恪辅政之人，可见诸葛恪倒行逆施，已然成为国家公敌。诸葛恪死后，孙峻又夷其三族，多亏当年诸葛恪的弟弟诸葛乔过继给诸葛亮为子，所以诸葛瑾这一族才不至于断子绝孙，这又岂非天意？诸葛恪年少成名，机敏绝伦，胸怀大志，若谨慎行事，原该有大好前程，可惜他却刚愎自用，不纳谏言，好高骛远，意气用事，终蹈大祸，实在可悲可叹！

第五篇

勇武篇

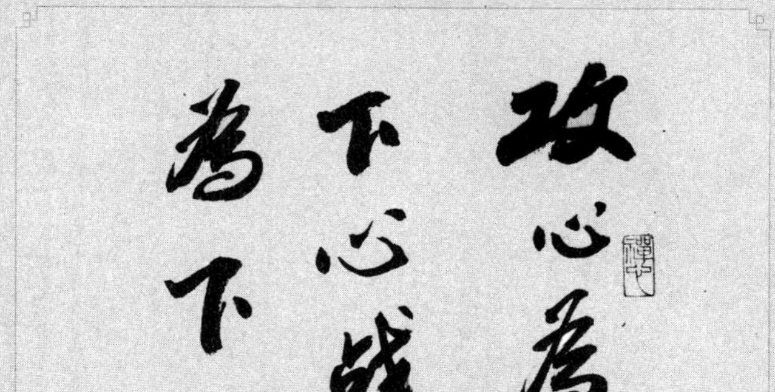
攻心為上攻城為
下心戰為上兵戰
為下

孙策

SUN CE

“死要面子”的江东小霸王

熟读三国的朋友想必一定不会对孙策感到陌生，只是由于《三国演义》对孙策的刻画太过简单，以至于大部分人并不了解历史上真实的孙策。那孙策究竟是一个怎样的人呢？孙策是孙坚的长子，孙权的长兄，原该有大好的前程，可谁知天不假年，英年早逝，从而改写了整个历史走向。

孙策从十几岁时就开始结交名士，名声渐渐传播开来，舒县人周瑜慕名专程到寿春拜访孙策。周、孙两人同岁，且均少年有志，杰出通达，因而于寿春一见如故，遂结为总角之好。东汉初平二年（191），孙策的父亲孙坚因为攻打荆州牧刘表而被刘表的部将黄祖所杀，此时的孙策只有17岁，面对父亲战死的噩耗，尚未成年的他却不得不撑起整个孙氏家族的荣辱与兴衰，承受了本不该他这个年龄所承受的巨大压力。东汉兴平元年（194），刚满弱冠之龄的孙策率领数百人去投奔袁术，袁术知道孙策是非常之人，对他十分欣赏，甚至常常叹息道“使术有子如孙郎，死复何恨！”由此可见这孙策的魅力不是一般的大，就连一向都自以为是的袁术都对他赞赏不已。

但是袁术这个人为人反复无常，往往言而无信，多次允诺孙策可到头来却又不兑现，这引起了孙策的不满。于是孙策就打算收取江东，脱离袁术，以成霸业。孙策因此去见袁术，对袁术说道："我家旧日对江东人多有恩义，愿请求兵马征伐横江，横江攻克之后，我再招募兵士，到时再助你荡平天下！"袁术知道孙策对自己不满，但他认为孙策小小年纪未必能有什么作为，于是就同意了他，卖个顺水人情，但只给了他一千兵马。

孙策虽然兵少，但由于他名声在外，一路上不断有人前来投奔，等到了江东地界,队伍已经扩展为五六千人了。孙策为何会有如此大的魅力，他的性格究竟如何呢？据《三国志·孙策传》记载："策为人，美姿颜，好笑语，性阔达听受，善于用人。是以士民见者，莫不尽心，乐为致死。"这句话翻译过来就是说孙策长相俊美，爱讲笑话，性格开朗阔达，善于用人，所以大家都乐意为他而死。孙策的帅可是出了名的，正因为此，吴人皆呼之为孙郎，也就是孙帅哥的意思。再加上孙策英勇善战，攻城略地，莫能当者，当时的人也称呼他为小霸王。说起孙策的用人和心胸，那可是比弟弟孙权强多了。

举个很简单的例子：当时孙策手下第一大臣当属张昭，孙策对张昭极为礼遇，张昭也很有政治才干，将江东打理得井井有条，因而深受北方士大夫的敬重，在他们的书信中多有称赞张昭的言辞。张昭担心功高盖主，整日惶恐不安。孙策得知后，潇洒地说道："当年管仲为齐国国相，齐桓公开口仲父，闭口仲父，而他则称霸诸侯为天下所尊崇，如今子布贤明，我能重用，他的功名难道不为我所有吗？"这足可看出张昭在孙策心中的地位就如同管仲在齐桓公心中的地位一样重要。反观孙权后来对待张昭就有点忘恩负义的感觉了，不仅不让张昭担任丞相，还经常无视他的宝贵意见，在这一点上孙权确实无法与兄长孙策相比，所以如果孙策没有早逝，那历史恐怕真得改写了！

东汉建安二年（197），袁术占有传国玉玺之后正式僭越称帝，自号仲氏皇帝，孙策得知之后便给袁术写信劝其不可，袁术一意孤行，不纳孙策之言，于是孙策便和袁术断绝了关系。从这件事可以看出孙策在政治上很敏感，也很有政治头脑。建安五年（200），孙策彻底平定了江东，威名大震，甚至曹操都对他颇为忌惮，叹息着说道："狮儿，谓难与争锋！"就打算对孙策实行安抚。于是把弟弟的女儿许配给孙策的小弟孙匡，又为儿子曹彰迎娶孙贲的女儿，并举荐孙权为茂才，由此可见一代奸雄曹操对孙策是相当的忌惮。

孙策此时可谓是少年得意，开创了自己的基业，又得忠臣良将辅佐，如果不出意外他将有大好的前程。可是孙策此人虽然有很多优点，但他有两个致命的缺点断送了他，一是嗜杀，二是爱面子。之前孙策在征伐江东之时，吴郡太守许贡曾经给曹操写过一封信，信中说："孙策骁雄，与项籍相似，宜加贵宠，召还京邑。若被诏不得不还，若放于外必作世患。"意思就是说孙策是项羽一类的英雄，朝廷应该将他召回软禁起来，如果放在外面必为心腹大患。孙策知道这件事情之后，一怒之下就把许贡给杀了，后来他也为自己的鲁莽付出了惨痛代价。

东汉建安五年（200），曹操正和袁绍相持于官渡，决定历史走向的官渡之战一触即发。孙策便计划趁此时率轻骑袭击许昌，将天子迎至江东。曹操听说此事之后惊慌失措，满朝文武也都不安起来，只有郭嘉一个人胸有成竹地说道："策轻而无备，虽有百万之众，无异于独行中原也，若刺客伏起，一人之敌耳。以吾观之，必死于匹夫之手。"意思就是说孙策不注重保护自己，总是独来独往，不过是一人之敌，不足为虑。这郭嘉真可谓是神预言。

果然，没过多久，孙策外出打猎，由于他的马跑得太快，他的侍卫都跟不上来，孙策一个人走在最前面，这时窜出来三个刺客，他们都是被孙策杀死的许贡的门客，想要为主人报仇，所以前来刺杀孙策。孙策虽然骁勇善战，可正所谓“明枪易躲，暗箭难防”，孙策的面颊中了一箭，这时孙策的部队也都追上了，把三个刺客都给杀死了。孙策虽然身受重伤，但好在只是脸部受伤，没有伤到要害，大夫说只要卧床百日就可痊愈。如果孙策好好休养也不至于因此殒命，坏就坏在他实在太爱面子。

一日，孙策照镜子看到自己的脸上涂了很丑的膏药，就大喊一声：“面如此，尚能复建功立业乎？”意思是说我的面相都这样了还能建功立业吗？于是气急攻心，当天晚上就过世了，年仅 26 岁，英年早逝，实在是可惜。其实坦白说长相如何跟建功立业又有什么关系，可恰恰是因为孙策实在长得太帅了，所以他自然是很爱惜自己的面孔，不能接受它有丝毫的损伤，所以才有了那颇为荒诞的一幕，孙策可以说是死要面子活受罪的典型了。

孙策临终之前将位子传给自己的二弟孙权，之所以要传位于孙权，孙策的解释只有两句话。孙策拉着孙权的手说道：“举江东之众，决机于两阵之间，与天下争衡，卿不如我；举贤任能，各尽其心，以保江东，我不如卿。”孙策的临终托孤可以说是将东吴未来的走向都规划好了，果然孙权继位之后江东整个局势便由攻势转为守势，也永远地失去了争夺天下的能力，所以说孙策之死不仅对江东，对于整个三国的发展都是一个重要的转折。

试想如果孙策没有英年早逝，那他一定会继续实行偷袭许昌的这个计谋，而当时曹操根本无暇顾及孙策，以孙策的骁勇成功的可能性是很大的。如果孙策成功了，那“挟天子以令诸侯”的人就不再是曹操了，历史也将要改写。

孙策的一生是短暂而精彩的，他从 18 岁起兵到 26 岁平定江东，只用了短短八年的时间就完成了别人一辈子都不一定能完成的事情，毫无疑问，他是一个真正的英雄。可惜，英雄往往都有致命弱点，孙策也不例外，如果他没有因一时气愤而杀死许贡，自然不会遭到许贡门客的报复，导致面颊中箭；如果他没有那么爱面子也不会气急攻心，英年早逝。由此可见，真的是性格决定命运！孙策的性格注定了他昙花一现的人生和结局！

如今历史已如梦幻泡影般逝去，斯人已矣，作为千载之后的我们也只能为他短暂的人生而感到遗憾与痛惜。无论如何，他都是一个足以让后人铭记的英雄，他的名字曾响彻云霄，他就是死要面子的江东小霸王孙策！

文鸯

WEN YANG

鲜为人知的后三国猛男

三国历史之所以在中国五千年的历史长河中最为璀璨夺目，那是因为有无数的英雄豪杰曾经在这期间叱咤风云，掀起了惊涛巨浪。说起三国英雄，人们耳熟能详的当然是前三国时期的刘备、关羽、诸葛亮等人，可对于后三国时期的英雄人物却往往知之甚少，这也就是通常大家都认为前三国时期更加精彩的原因。本文所论述的文鸯正是出生于后三国时期，他虽然一直籍籍无名，不为世人所熟知，但他的勇猛和胆识绝不在常山赵子龙之下，若不是他晚生了几十年，只怕还真会改写历史。

文鸯原名文俶，字次骞，小名阿鸯，世称文鸯，谯郡人。文鸯是曹魏扬州刺史、前将军文钦之子，排行于诸子中间。文钦骁勇善战，又因为与曹魏一族同乡，特别得到当时得势的大将军曹爽的厚爱。仗着曹爽的权势，文钦行为倨傲。曹魏正始十年（249），隐忍十年的司马懿发动高平陵政变，曹爽集团被彻底击灭，文钦顿时失去靠山。曹魏嘉平六年（254），司马懿长子大将军司马师废黜魏帝曹芳。时任镇东大将军的毌丘俭和扬州刺史文钦等，被司马师的不臣举动激怒，决定起兵勤王。

曹魏正元二年（256），文钦与毌丘俭等人假托太后诏书，提出司马师的 11 道罪状，在寿春起兵，讨伐司马师。这时，司马师暗中率军自汝阳来到了乐嘉，文钦见到大军忽然来到，错愕得不知如何是好。文鸯当时只有 18 岁，勇冠三军。他告诉父亲：“趁敌人还未站稳脚步，现在袭击，一定可以大败敌军。”于是文钦率兵袭击，与文鸯分兵两路，趁夜夹击司马师。文鸯率壮士到达阵前，击鼓喧闹，大叫司马师的名字，司马师全军震动。

当初，司马师的眼睛上长有肉瘤，在出征之前刚做过手术，割了眼睛上的瘤，因此有人劝他不宜远行，请太尉司马孚（司马师叔父）代替。司马师因这是重要一战，关乎家族命运和前途，决定抱病出征。文鸯突然来攻，使得司马师大惊，带伤的眼珠从肉瘤创口内迸出，疼痛难当。司马师恐有乱军心，只好咬被头而忍，被头都被咬烂。文鸯鼓噪了一夜，文钦仍没来会合。天明后，文鸯见魏军兵马强大，只好撤退。

文鸯走后，当时已经眼球爆出、血流遍地的司马师命令众将追赶，这时文钦要率军回寿春，文鸯认为一定要挫一挫司马师军士气，便与骁骑十余人一同杀入敌军阵中，所向披靡，然后才引兵离去。接着司马师派左长史司马班率骁将八千翼来到，文鸯单枪匹马冲入数千骑兵阵中，转眼间便杀伤百余人，进出六七次，追骑不敢逼近。文鸯的这一次精彩表演足可与 48 年前赵子龙长坂坡单骑救主相媲美，可以说他的表现绝对不会输给赵云。不同的是，赵云长坂坡之战时已经是一位出道数十年的沙场老将，经验丰富，而文鸯此时才刚刚出道，只有 18 岁，缺乏战场经验；再加上赵云长坂坡之战时，刘备虽然兵败势危，但尚有张飞接应，而文鸯却是一人一骑，外无援兵内无救助，孤身面对强敌。因此综合比较，文鸯此战的难度和凶险程度应该要高于赵云的长坂坡之战。

文鸯在此战中虽大显身手，但终因寡不敌众而战败，此次起兵勤王也以失败告终。司马师虽然赢得了战场的胜利，但由于惊吓过度，回军之后就去世了，时年 47 岁。司马师膝下无子，因此临终之前将大权移交给自己的二弟司马昭。在此战中，年仅 18 岁的文鸯虽然没能取胜，但他却直接造成了一代枭雄司马师的死亡，也因此险些酿成司马家族的覆灭。以文鸯的资历来讲，这样的结果已经是很大的胜利了。

毌丘俭兵败寿春后，文鸯随父亲文钦投降吴国。东吴甘露二年（257），魏国镇东大将军诸葛诞在寿春起兵反司马昭，吴国命令文钦父子及全端、唐咨等人入寿春支援。顺便提一下，诸葛诞是千古贤相诸葛亮的堂弟，在魏国出任高官，由于十多年来司马懿父子兄弟三人先后掌权，架空皇室，引起了很多人的不满，因此魏国先后发生了三起叛乱，史称淮南三叛。诸葛诞此次起兵联合吴国，声势和规模是三场叛乱中最大的。司马昭效仿父兄，决定亲征平叛，可又担心后方不稳，于是中国历史上颇具戏剧性的一幕上演了，司马昭携太后与天子曹髦共同出征，此等事情在历史上是极为罕见的。

东吴甘露三年（258）一月，寿春战况十分不理想，诸葛诞原本就和文钦关系不睦，在紧急情况下，又更加猜疑。最后，诸葛诞杀了文钦。此时，年近 20 岁的文鸯和弟弟文虎走投无路，只好只身穿越城墙，投奔司马昭。文鸯、文虎投降后，军吏请求诛杀这兄弟二人。司马昭认为城池还未破，如果杀死他们，反而会使守军害怕，奋战不肯出降。于是司马昭赦免二人死罪，又表荐文鸯、文虎做将军，赐爵关内侯，并让二人率领数百骑兵巡城，对城中守军大喊："文钦的儿子都不被杀，其他人有什么好怕的！"城内因此士气涣散，不久，寿春城便被攻陷。城破后，司马昭让文鸯兄弟殓葬文钦，并配给二人牛车，而发动此次叛乱的主角诸葛诞则被司马昭下令夷灭三族。司马昭真不愧是玩政治的高手，善于掌控人心，可以说这一攻心计谋使得是炉火纯青，不仅攻陷了城池，收服了人心，还保住了司马家族的权势和地位，也为晋朝的建立奠定了基础。由此可见，战场上的角逐拼的不仅仅是实力，还有政治手腕和谋略。

咸熙二年（265）十二月，曹魏最后一代皇帝曹奂被迫禅位于司马昭长子司马炎，西晋建立，文鸯仍仕晋朝，任平虏护军。泰始六年（270），秃发鲜卑部首领秃发树机能在河西举兵反晋，先后击杀胡烈、牵弘等封疆大吏，晋武帝司马炎为此寝食难安。咸宁三年（277）三月，文鸯临危受命，都督凉、秦、雍州三州军力，大破秃发树机能，使得胡人部落有 20 万人归降，名闻天下。从此战中可以看出文鸯不减昔日之勇，表现丝毫不逊色于寿春之战，可谓是他的成名之战。由于文鸯在此战中表现突出，作战勇猛，因此在泰康年间（280—289）被任命为东夷校尉、假节。就在文鸯即将走马上任，仕途一片光明之时，谁知晋武帝司马炎见到他之后不太喜欢，竟用别的名义将其免官了。没想到堂堂一国之君还是开国皇帝竟以貌取人到如此地步，白白错过难得将才，难怪西晋国祚不得长久。

司马炎驾崩后，晋惠帝司马衷继位，这也就是历史上赫赫有名的白痴皇帝。当时，皇后贾南风发动政变，诛杀掌控朝政的太傅杨骏及其党羽。东安王司马繇是诸葛诞的外孙，常恨当年文鸯背叛诸葛诞，致使诸葛诞败亡、被屠灭三族。竟在政变后诬告文鸯与杨骏一同谋反，文鸯因而遇害，被夷灭三族，时年 54 岁。

文鸯的一生是充满传奇色彩的，他 18 岁时开始参军，刚步入战场就将一代枭雄司马师吓死；20 岁时他跟随父亲反抗司马师之弟司马昭，年纪轻轻的他已然成为司马家族的死敌，可在父亲被杀之后他却不得不投降司马昭；27 岁时出仕晋朝，效力于晋武帝司马炎；39 岁时临危受命，大破胡人，从而闻名天下；54 岁时被诬遇害，身首异处，一代猛将最后落得如此凄惨下场，怎不可惜！

文鸯的一生虽然不似很多英雄般掀起了惊涛骇浪，但也算是跌宕起伏。他先后效力魏、吴、晋，年少成名，司马师因他的勇猛惊吓过度而去世，诸葛诞因他的投敌而兵败遇害，后三国时期搅弄风云的两大枭雄的死亡居然都与文鸯有关，以此观之，文鸯绝对堪称后三国猛男，他的人生际遇正是应了那句“自古英雄出少年”！其人其事，在三国的历史漩涡里确实占有举足轻重的地位，可见不那么出名的英雄也自有他存在的意义和价值！

关

关羽

GUAN YU

武圣关羽为何会迅速败亡？

一提起关羽这个名字，想必大多数人第一时间想到的是“温酒斩华雄”“斩颜良诛文丑”“过五关斩六将”这些耳熟能详的故事，但可惜的是这些故事基本都是《三国演义》虚构出来的。

由于罗贯中先生尊刘贬曹的思想倾向，《三国演义》里有不少人物被神化，而关羽正是被严重神化的一个人。关羽自古以来便是“忠义”的化身，他忠肝义胆，不忘故主，千里走单骑的行为更被传为美谈。在三国之后的各朝代，关羽的谥号越来越长，甚至被追封为关帝，民间还出现了关帝信仰并一直延续至今。

经过历史的演变，关羽成为和文圣孔子并列的武圣。虽然《三国演义》虚构了很多与关羽有关的事情，但总体形象与正史接近。或许有人会问既然关羽神勇无比，那为何会在形势一片大好的情况下突然转胜为败并迅速败亡呢？这中间除了东吴的背信弃义外，还有什么因素导致了关羽的败亡？对于关羽的死，谁应负主要责任？让我们带着重重疑问，穿越千年的光阴去一探究竟吧！

小说《三国演义》以桃园结义作为全书的开端，目的在于将关羽忠义的形象贯穿全书，可惜这一深入人心的故事也是罗贯中先生虚构的，正史并无记载。据《三国志·蜀书·关羽传》记载："先主为平原相，以羽、飞为别部司马，分统部曲。先主与二人寝则同床，恩若兄弟。而稠人广坐，侍立终日，随先主周旋，不避艰险。"从这段记载可以看出刘备确实与关羽、张飞二人情同兄弟，但却并没有所谓的桃园结义。

东汉建安二十四年（219），关羽出兵攻打襄樊，水淹七军，擒于禁，斩庞德，威震华夏。就在关羽志得意满之时，东吴却背信弃义，吕蒙白衣渡江，偷袭荆州，形势急转直下，关羽遭到孙权和曹操两方人马的夹击，迅速大败，逃至临沮时被孙权杀害。

对于关羽的死，历代有不同说法，有人认为刘备应负主要责任，因为他没有及时派兵救援；有人认为诸葛亮应负主要责任，因为他考虑不周，明知关羽有性格缺陷却还安排他镇守荆州；更有阴谋论者认为关羽之死是刘备排除异己，借刀杀人所致。

针对这种种猜想，在我看来关羽之死实与诸葛亮无关。为什么这么说呢？在历史上诸葛亮其实并没有演义里那样举足轻重的地位，事实上诸葛亮是在刘备死后才拥有权势和地位的。既然如此，任命何人镇守荆州完全是刘备的决策，诸葛亮只能遵守。

或许有人会说刘备任人唯亲才会选择关羽镇守荆州，这是典型的用人不当。但是就当时的局势而言，关羽确实是最合适的人选。首先自刘备起兵之时起，不分兵则已，一旦分兵则必定是关羽独自率一路人马，这说明关羽有独当一面的能力。再者，关羽是蜀汉唯一一个会统率水军的将领，正好可以发挥所长，训练荆州水军。

刘备之所以选择关羽镇守荆州也正是基于以上这两点的考虑，并非是用人不当。如此说来，关羽之死不该诸葛亮负责，那刘备有没有责任呢？他又为何不在关羽兵败之时出兵救援？我的看法是关羽兵败太过突然，出人意料，刘备根本来不及发兵。关羽在攻打襄樊之时连战连胜，捷报频传，因此无须救援，在关羽突然兵败之时，等消息传回成都一切都已经来不及了，这也并非是刘备所能预料到的。

那这里有一个疑问，关羽攻打襄樊到底是刘备授意还是关羽自作主张呢？关于这一点，史书上并没有刘备授意关羽攻打襄樊的任何记载，但从时间上来看，东汉建安二十四年（219），刘备自立为汉中王，同时关羽率兵北上，很显然关羽此次的行动完全是为了配合刘备。

既然史书上并没有刘备授意关羽攻打襄樊的记载，那此次率兵北上应该是关羽的决定，尽管如此，史书上同样没有刘备反对关羽北伐的记载。这也就是说刘备对于此事的态度是默认的，既不支持也不反对，因此刘备应该负指挥不周的责任，但不应负主要责任。

事实上，关羽的败亡与其自身的性格缺陷有着密不可分的关系。据《三国志·蜀书·张飞传》记载："羽善待卒伍而骄于士大夫，飞爱敬君子而不恤小人。"从这句记载可以看出关羽和张飞两人的性格是截然相反的，关羽不屑于文人且骄傲的性格特点最终葬送了他自己。

据《三国志·蜀书·关羽传》记载："先是权遣使为子索羽女，羽辱骂其使，不许婚，权大怒。又南郡太守糜芳在江陵，将军士仁屯公安，素皆嫌羽轻自己。羽之出军，芳、仁供给军资，不悉相救，羽言'还当治之'，芳、仁咸怀惧不安。于是权阴诱芳、仁，芳、仁使人迎权。"

史书上记载的这两件事可以说是关羽败亡的导火索，由于关羽性格骄傲，所以在孙权遣使求婚之时辱骂其使，从而激怒了孙权，酿成大祸。再加上对待手下官吏态度强硬，这才造成了在关键时刻糜芳、士仁的叛变，这些因素都加速了关羽的败亡。

蜀汉章武元年（221），刘备于成都称帝，国号汉，同年发动夷陵之战讨伐东吴，关于此次战役《三国演义》上的解释是为关羽报仇。其实不然，此时距离关羽遇害已经过去近两年，如若真为关羽报仇那应该在关羽刚刚遇害之时起兵，因此夷陵之战的主要目的是为夺回荆州，而不是为关羽报仇。可惜刘备大军被东吴陆逊打得大败，蜀汉国力从此一蹶不振，刘备也于不久之后病逝。

总的来说，关羽的败亡是有多方面的原因，但绝不是阴谋论者所谓被自己人害死，这种说法既荒谬又无理。如今千载光阴已逝，关羽“忠义”的形象也早已深入人心，并被《三国演义》列为三国三绝之一的“义绝”。

无可否认，关羽是有性格缺陷的，他傲视天下，轻视其他英雄，最终葬送了自己。由此看来，性格决定成败，此言不虚。

第六篇

疑案篇

貴之而不驕
委之而不專
扶之而
不隱
免之而不懼
故良將之動
也猶璧之潔

時在庚子年夜於野漁樵書

刘

刘备

LIU BEI

刘备的“恐怖”遗言

古往今来，一个国家的政权交替往往关乎整个国家的前途和命运，这是个一等一的大事，不容马虎。通过电视，我们往往能看到这样一幅场景：每当一个国君在去世之前，如果继承人年纪尚幼，那么这个国君总会挑选几个自己信任的大臣来托孤，请他们辅佐自己的儿子继续光大祖业。在这种时候，托孤大臣的人选则至关重要，如果万一所托非人，则极有可能会颠覆自己家族的基业。所以皇帝在面临抉择时不能不慎之又慎！

在众多的托孤遗言当中，汉昭烈皇帝刘备的托孤遗言可以说是中国历史上最出名也是最特别的了，无人能出其右。也正因此，刘备的托孤饱受历代史学家的争议，褒贬不一。蜀汉章武二年（222），刘备为报关羽被杀、荆州被夺之仇，不顾劝阻执意兴兵伐吴，不料被东吴新兴将领陆逊火烧连营打得大败，无数蜀汉英杰也丧生于此。刘备率领残部仓皇逃往白帝城养病，并没有回到国都成都。

至于说刘备为何没有退回成都，而是停留在了白帝城，主要有两个原因：其一，白帝城地势险要，易守难攻，陆逊的兵马一定攻不上去；其二，刘备不顾众臣劝阻执意伐吴，可是却遭受惨败，自觉无颜再见众臣。基于这两点原因，刘备就留在了白帝城养病，并且终其一生都再没回过成都。

蜀汉章武三年（223），羞愧难当的一代枭雄刘备即将走到生命的尽头，他自知时日无多，便将留守成都的诸葛亮火速召到白帝城嘱以后事，这就是历史上著名的白帝城托孤。身心俱疲的刘备躺在病榻上，望着眼前这位追随自己 16 年的丞相诸葛亮，心中感慨万千。刘备拉着诸葛亮的手说了一段很有名的话，据《三国志·诸葛亮传》记载："先主谓亮曰：'君才十倍曹丕，必能安国，终定大事，若嗣子可辅，辅之；如其不才，君可自取。'"

刘备这石破天惊的一段话历来就备受争议，争议的焦点当然是那最有名的四个字"君可自取"，那我们首先就要看一下这四个字的真实含义是什么，刘备又为什么要说出这样一番话呢？在《三国演义》里，罗贯中先生对这四个字的解释是让诸葛亮自立为成都之主，这种说法也是目前流传最广的一种说法。很多人受此影响，认为刘备虚伪狡诈，套死了诸葛亮，刘备仁君的形象也因此受到人们质疑。那刘备到底是不是这个意思呢？

假设刘备是这个意思，那么他的动机又是什么呢？这番话是真心还是假意呢？一般认为刘备是这层意思的人大致分为两种观点，一种认为刘备是真心相托，另一种则认为刘备是造作虚言。针对这两种截然相反的观点，让我们回到公元 223 年的白帝城去探寻枭雄刘备内心最真实的想法。在当时那种情况下这两种观点到底有没有可能性？

首先，如果刘备是真心相托诸葛亮，并说道："如果太子刘禅可以辅佐你就辅佐，如果太子不才你就取而代之。"就当时的社会背景而言，封建伦理纲常非常严重，就算刘备毫不猜疑，说的是真心话，那他手下的文臣武将也断不会答应，那些人跟随刘备出生入死几十年，绝对不允许将这来之不易的成果拱手送到外姓人之手。刘备不傻，即便他是出于真心，也不会违逆众意，说出在当时看来大逆不道之话。

可能有人会说刘备是出于大局，这个托孤完全是为了天下，而不是个人利益，是将道德凌驾于得失之上，是大公无私的体现。那这里有一个问题：如果刘备真的出于天下的考虑公而忘私的话，那刘禅当时已经17岁了，是否成才刘备不可能不知道，那他为何不直接传位给诸葛亮，而要说出如果刘禅不行你再自立的话，要知道这对稳定人心没有丝毫益处。既然如此，即便刘备出于真心也断不会这么说的。

接下来再看第二种观点，刘备是在故意试探诸葛亮，这体现了他的虚伪。最近几年坚持此观点的人数在持续飙升，更有阴谋论者认为刘备在廊外埋伏了刀斧手，如果诸葛亮答应立刻就会有人冲进来杀死诸葛亮。对于这异想天开的说法，我只想说你们是古装剧看多了吗？刘备从三顾茅庐请出诸葛亮到白帝城托孤，跟诸葛亮共事了整整16年，以刘备的英明又怎会不了解诸葛亮的人品，他明明知道诸葛亮断不会做此大逆不道之事。

或许有人会说刘备担心自己的儿子不是诸葛亮的对手，所以提前用话将诸葛亮给套牢，这样他以后就不好自立了。可他们却忽略了一个问题，如果诸葛亮人品不佳，和司马懿一个作风，那么就算刘备出言试探也没有任何作用，诸葛亮也可以假意表忠之后再发展壮大自己的势力，而且对于品德不佳的人，刘备的遗言不是正好给他篡位的理由了吗？反之，如果诸葛亮是正人君子，品德高尚，那刘备就更没有试探的必要了，因为这样做不仅没有任何效果，还会在以后让君臣互相猜忌，不利于蜀汉内部团结。

诸葛亮自出山之日起跟随并辅佐刘备 16 年，奠定了三分天下有其一的霸业。刘备一定深知诸葛亮的为人，他也清楚以诸葛亮的人品断不会奉诏。那既然如此，刘备又何必多此一举呢？况且如果刘备的意思真的是让诸葛亮取而代之的话，那诸葛亮的反应一定是诚惶诚恐，回答宁死不敢奉诏。可是诸葛亮的反应如何呢？据《三国志·诸葛亮传》记载："亮涕泣曰：'臣敢竭股肱之力，效忠贞之节，继之以死！'"这句话从头到尾都没有不敢奉诏的含义，如果刘备真的说让诸葛亮取而代之，那诸葛亮的回答岂不是词不达意吗？以诸葛亮的聪慧怎会犯如此低级的错误。照此看来，于情于理，于公于私，刘备都不可能说出让诸葛亮取而代之的话，那"君可自取"四个字真正的含义是什么呢？

在文言文中，"取"这个字有两层含义，第一是取代，第二是选取。刘备在这里很明显用的是第二层含义，所以刘备是在告诉诸葛亮如果刘禅不成才那你可以选取一个合适的办法来处置。至于说有什么合适的办法呢？不外乎三种，面谏、直谏和废立，刘备的言外之意也就是说如果刘禅实在不听你的，你可以行使废立大权，效仿当年的伊尹和霍光故事，从我其他的儿子中另选贤者而立。

刘备一共有三个儿子，一个义子，其中义子刘封勇武过人，立下过无数的汗马功劳，但他因没有及时援救关羽，在诸葛亮的劝说下，刘备将其赐死。其他的三个儿子依次是刘禅、刘永和刘理，刘禅是长子，当时也只有 17 岁，其他两个儿子年纪更小，再加上古代是立嗣以长不以贤，所以刘禅就是名正言顺的皇位继承人。

刘备做出这个决定之后又担心刘禅性格懦弱，害怕他担负不起重任，所以在临终之时举国相托诸葛亮。其实刘备和诸葛亮这对君臣的关系是很微妙的，诸葛亮的地位也并没有演义里所描述的那么高，尤其在赤壁之战之后他沉默了整整 15 年，在这 15 年基本听不到他的声音。刘备打益州带的是庞统，攻汉中带的是法正，诸葛亮一直以来只是在搞后勤，刘备并没有完全信任他。

为什么会出现这种情况呢？还是因为刘备和诸葛亮的理想产生了分歧。诸葛亮是一个有理想的人，打从一开始他的理想就是兴复汉室，可是刘备呢，他最开始或许也是有理想的，可是随着地盘的扩大，野心的膨胀，其初衷发生了改变，他和诸葛亮的关系也自然微妙起来。这也就是为什么关羽攻襄樊，刘备征东吴诸葛亮明明不赞成却依然保持沉默，那是因为他知道他无法劝阻刘备，刘备也不会采纳。可能有人会说既然如此，刘备又怎么会托孤诸葛亮呢？这是因为当时蜀汉人才凋敝，关羽、张飞、马超、黄忠、庞统和法正都已经去世，诸葛亮自然是不二人选，再加上诸葛亮能力出众，一生谨慎，所以刘备很放心地托孤于他。

人之将死，其言也善，鸟之将死，其鸣也哀。刘备在弥留之际还是认为诸葛亮不论品德还是能力都属一流，他也丝毫不担心诸葛亮会成为曹操或曹丕，这才有了举国相托诸葛亮，并成就了一段佳话。其实刘备在白帝城托孤，而太子刘禅却在成都，临终之前他没能见到儿子刘禅。此时，刘备反倒将二儿子刘永叫到跟前并给了一道密折，大概在他心里此时已将刘永作为替补皇帝的人选了，这更进一步印证了“君可自取”的真实含义是授予诸葛亮废立大权。

说到底，刘备能在临终之前举国托付诸葛亮，并授予他废立大权，这说明在当时刘备还是非常信任诸葛亮的，他对诸葛亮的人品也没有丝毫怀疑，可是刘备为什么要如此托孤呢？这与当时的局势有关。蜀汉章武三年（223），心力交瘁的刘备在白帝城托孤之时，蜀汉的形势万分严峻。由于夷陵之战惨败，蜀汉的精锐部队丧失殆尽，许多杰出人才流失，例如马良、黄权、张南、冯习等优秀将领都损失于此，这对于蜀汉来说是非常沉重的打击，再加上内部黄元叛乱，外部魏、吴两国虎视眈眈，蜀汉的处境可以说是内忧外患，风雨飘摇，如果不谨慎处理随时都有亡国之忧，在这种时候德才兼备的诸葛亮便是托孤的不二人选。

至于刘备为何要说出那样一番话，这是因为当时太子刘禅只有17岁，而且并不是少年英主，相反性格有点懦弱，此时蜀汉政局不稳，而魏国的皇帝曹丕则是政治经验非常成熟的人，阿斗显然不是对手。刘备为了蜀汉的发展和长远考虑，决定让自己儿子刘禅掌握皇帝的名号，而诸葛亮则掌握皇帝的实权，只有这样蜀汉才能够与集君权和君名为一身的曹丕相抗衡，才有可能实现"兴复汉室"的理想。正因为此，刘备也让刘禅拜诸葛亮为相父，以父事之。

晋朝史学家陈寿评价刘备托孤时曾这样说道："诚君臣之至公，古今之盛轨也！"这个评价还是比较贴切的，事实上也正是因为刘备英明的托孤，蜀汉虽然弱小却成为三个国家中治理得最好的一国。一代枭雄刘备的临终托孤的确是经过精心安排和布置的，这也成就了鱼水君臣的千古佳话，但真正明晰这特殊托孤内涵的人恐怕屈指可数吧！

廖化

LIAO HUA

廖化真的能力平庸吗？

“西蜀无大将，廖化做先锋”这句话可以说是流传甚广，家喻户晓，以至于廖化成为平庸无能的代名词，这可真是千古冤案了。基于这种观点，大多数人对于廖化的认识都太过片面，并不了解历史上真实的廖化的能力以及贡献。

在《三国演义》中，有这样一个场景：廖化本是劫匪，于路抢劫，后得遇关羽，由于廖化对关羽倾慕不已，遂弃恶从善，追随关羽，成为其军中主簿。可能是罗贯中先生为了剧情的需要，突出关羽的忠义，才有此杜撰，这件事并不见载于正史。那历史上的廖化到底是个怎样的人呢？

廖化本名淳，字元俭，世代为沔南的豪门世族，试想这样出身的人又怎么可能去干抢劫的营生呢？对于廖化的早期生平，正史并无记载，只说他是前将军关羽的主簿。但廖化最值得称道的事情便是思汉西归了。东汉建安二十四年（219）冬，孙权违背盟约，袭取荆州，关羽兵败遇害，廖化作为关羽军中主簿也不得不归入东吴。

然而廖化思念汉主刘备，于是诈死，当时的人们信以为真，廖化趁机带着母亲昼夜西行，奔赴蜀汉。据《三国志》记载："化为前将军关羽主簿，羽败，属吴。思归先主，乃诈死。时人谓为信然，因携持老母昼夜西行。会先主东征，遇于秭归。先主大悦，以化为宜都太守。"

这看似一件简单的事情却很能说明问题。首先，这件事情的难度系数极大，绝不是一个平庸的人所能够做到的。试想廖化是蜀汉旧臣，因遭遇变故不得已归入东吴，在这种情况下，东吴君臣一定都在提防着他，可是廖化居然能够诈死成功，还骗过了所有的人，在严密防守之下带着母亲一路逃出东吴，复归西蜀。单这一点即便是古之名将也未必能够做到。

其次，从这件事可以看出廖化的忠勇。按理来说廖化既然已经归入东吴，又属迫不得已，他完全可以与母亲共叙天伦，安享余年，东吴也必定不会亏待他。可他凭借对大汉的忠诚，对刘备的思念，以及自身的勇敢果烈，甘愿冒极大的风险诈死归汉，确非常人所及。

再者，从此事也可以看出廖化的孝道。在危急时刻也不忘带上母亲一同西归，可以说廖化携母西归这件事大大的增添了他的负担和风险，可他却义无反顾地去做，他的勇气和至孝都让人赞赏不已。自古以来就有"忠孝难两全"的说法，例如徐元直投魏选择了孝，姜伯约降汉选择了忠，可是廖化却真正做到了忠孝双全。他不忘旧主为忠，甘冒风险携母归汉是孝，在三国这样一个封建时代，要做到忠孝双全实属不易，廖化的才能可见一斑。

蜀汉章武二年（222）春，刘备亲率诸将东征孙吴，在秭归与廖化相遇。刘备见到廖化后非常高兴，任命廖化为宜都太守，但同年六月，刘备军被陆逊击破，廖化随败军退回蜀中。蜀汉章武三年（223），刘备病逝于白帝城，太子刘禅即位，改元建兴，此时廖化升任丞相诸葛亮的参军，可见他的才能也是得到诸葛亮的赏识的。

蜀汉建兴十二年（234），丞相诸葛亮第五次北伐，驻军五丈原与司马懿对峙，同年八月，诸葛亮积劳成疾，病逝于军中。诸葛亮去世之后，朝政先后由蒋琬和费祎二人把持，但由于蒋、费二人都很保守，不主张北伐曹魏，所以在二人主政的 19 年间，蜀汉很少用兵，即便出兵也是局部的骚扰战，并没有大的动作。在这期间，廖化一直活跃在前线，随军征战，立下了不少功勋。

蜀汉景耀二年（259），廖化升任右车骑将军，兼领并州刺史，官位与张翼相等，而在镇军大将军宗预之上。当时的人说道："前有王平、句扶，后有廖化、张翼。"从这句话可以看出廖化当时在蜀汉的地位和影响是很大的，堪称蜀汉最后的支柱。蜀汉景耀五年（262），也就是在蜀汉灭亡的前一年，姜维再次出兵北伐曹魏，廖化说道："用兵如果不收敛，必将自食恶果，说的就是伯约啊。智谋并未超过敌人，力量比敌人弱，但用兵却没有满足，这样的话怎么能够生存下去呢？"果不其然，同年十月姜维被邓艾击败，退军驻扎于沓中。

蜀汉景耀六年（263），司马昭率军进攻蜀汉，后主派廖化前往沓中支援姜维。同年，邓艾偷渡阴平，行 700 里无人之地，兵临成都，诸葛瞻父子战死于绵竹，后主开城投降。廖化不久后得到后主刘禅投降的敕令，于是与姜维等人向钟会投降。景元五年（264）春，廖化与宗预一起内迁洛阳，途中思念故国，悲不自禁，忧愤成疾，不幸病逝。

由此可见廖化真是一位文武双全而又忠贞明断的人才，或许有人会问既然如此那“西蜀无大将，廖化做先锋”一语又从何而来呢？其实这句话最早是出现在清朝所著的《扫迷帚》一书中，并非出自正史记载。而这句话的原意是指蜀汉人才匮乏，连个年轻将领、后起之秀都没有，还要让已经年近八旬的老将廖化担任先锋一职，于战场拼杀。并非是指廖化能力平庸，谁知随着时间的推移，这句话的含义也大有改变，廖化无端蒙受不白之冤，反倒成为一个反面教材，真是让人惋惜！

廖化早年思念先主，携母诈死归汉可见其忠孝智勇四者兼备，后随姜维常年征战，敢于直面谏言可见其品性贞亮，蜀汉灭亡之后因思念故国而病逝可见其不忘本之纯良。这样一位德才兼备的蜀汉将领却被一句可笑的谚语冤枉了千年，实在是可惜！

我们在看待历史人物品评其功过之时一定要怀有客观公正之心，不能轻易为民间传闻所左右，还原历史人物的本来面目则是至关重要的。正所谓审历史之兴衰，察古今之得失！

魏延

WEI YAN

魏延之死的真相

一提起魏延，可能所有人的第一反应都是“脑后反骨”这四个字，认为他是一个不忠不孝不仁不义之人，最后被杀也是咎由自取，怨不得别人，可事实果真如此吗？魏延的这种反面形象是源自《三国演义》，而并非是正史，由于罗贯中先生个人的情感，小说中难免有些人会被贬低，而魏延正是被严重诋毁的一个三国人物，他的形象与正史相去甚远。

在《三国演义》里，魏延天生反骨，先是打算背叛刘琮将荆州拱手献给刘备，失败之后归顺长沙太守韩玄，可是在刘备夺取荆州四郡时，魏延又杀死韩玄率众投降刘备。在罗贯中的笔下，魏延几次三番变节，简直就是一个彻头彻尾的小人，可能罗先生的本意是想表达刘皇叔仁德布于四海，所以魏延屡次想要归顺其麾下，只可惜这样的描写反倒弄巧成拙，不仅贬低了魏延，还连带贬低了处处提防魏延的诸葛亮，因为这同样违背了诸葛丞相光明磊落的作风以及用人不疑的性格特点。

事实上，魏延并没有先后背叛刘琮和韩玄的历史记载，韩玄也并没有抵抗刘备大军，而是望风归降并得到善终。魏延字文长，义阳人。据载，汉献帝建安十六年（211），魏延以部曲身份随先主入蜀，什么是部曲，部曲在古代是指私人军队或家将，所以魏延在之前极有可能是刘备的家将。由于魏延勇猛过人，在跟随刘备入蜀之时立下汗马功劳，被刘备赏识，因而被封为大将。

汉献帝建安二十四年（219），刘备自称汉中王，定治所于成都，于是当留大将镇守汉中。当时所有人都认为张飞应该担任汉中太守，张飞自己也觉得非自己莫属，可是出乎所有人意料的是刘备破格提拔魏延为汉中太守，全军上下听闻此事一片震惊。刘备担心众人不服魏延，一日，他大宴群臣，问魏延道：“孤今天委任爱卿重任，爱卿打算说点什么吗？”魏延朗声答道：“若曹操举天下而来，请为大王拒之；偏将十万之众至，请为大王吞之。”这气壮山河之语让众人听了无不心悦诚服，看来刘备确实是很器重信任魏延的。

蜀汉章武三年（223），一代枭雄刘备在白帝城病逝，年仅17岁的太子刘禅继位，蜀汉进入到诸葛亮执政时代。经过罗贯中的《三国演义》，很多人认为诸葛亮一直以来都在刻意打压魏延，魏延之死更是源于诸葛亮的不信任，其实这种说法可真是大大的冤枉了孔明先生。诸葛亮和刘备一样，对魏延极尽重用提拔，公元230年，魏延更是因功被封为南郑侯，并授予假节权力。南郑侯是属于最高等级的县侯，而假节则拥有先斩后奏的权力，此时魏延成为除诸葛丞相外的第一大将。魏延被如此重用提拔难道还能说不被信任吗？

蜀汉建兴五年（227），诸葛亮首次北伐，魏延曾在军议上提出建议，因长安守将夏侯楙懦弱无谋，故愿自请精兵五千经子午谷直取长安，并认为夏侯楙一定会弃城逃走，这就是历史上著名的子午谷之谋，而诸葛亮认为此计太过冒险，故而不用。这一直以来就被历代史学家争论不休，很多人也因此诟病诸葛亮军事能力欠缺，并认为他是在故意打压魏延，那兵出子午谷这条计策到底成功的可能性有多大呢?

这条计策听起来无懈可击，可真要实施起来成功的可能性并不大，因为这条计策是充满变数的。如果魏军在子午谷中间埋伏，那蜀军不仅全军覆没，主力部队也会遭受重创，就算那条路没有埋伏，魏延成功抵达长安，可如果夏侯楙并没有弃城而走，而是坚守等待救援呢？虽然夏侯楙十分不堪，可他手下也并非没有能人，如果这样那蜀军的补给跟不上，将面临腹背受敌的危机。退一万步说，就算夏侯楙真的弃城而走，魏延成功占领长安，可如果诸葛亮率领的主力部队中间遇到变故没有按时与魏延军会合，那凭魏延区区数千人马又能坚守多久呢？如若此时魏国援军抵达，那蜀军同样进退失据。总的来说，魏延的这条计策是充满风险和变数的，极有可能会损失惨重，所以诸葛亮才弃而不用，并非是对魏延有何成见。

可能有人会说打仗怎能不冒险，怎能面面俱到，万一成功了呢？请注意蜀汉在经历荆州之失和夷陵之战两次大败后元气大伤，国力虚弱，根本无法与强大的魏国相提并论，诸葛亮带出来北伐的 10 万军队可以说是蜀汉全部的家底了，不容有失。所以诸葛亮必须要小心谨慎，步步为营，稳扎稳打，他要考虑到全部的风险，因为蜀汉国力不容折腾，也经不起失败。在面对魏延的子午谷奇谋之时，诸葛亮又何尝不知道一旦成功长安以西将传檄而定，可他更知道如果失败对于蜀汉来说将是十分沉重的打击。这位丞相为了完成先帝遗愿，绝对不容许有任何计划外的失败出现，这也就不难理解魏延的子午谷之谋为何会不被采纳了。

魏延此人善养士卒，勇猛过人，但性格高傲，性情极恶，蜀汉官员人人都让着他，唯独杨仪不屑魏延，不买他的账，二人势同水火。甚至好几次魏延拔出刀在杨仪跟前比划，杨仪一个文官，当场就被吓得一把鼻涕一把泪的，最后发展到两个人只要一见面就能吵起来，二人的矛盾在蜀汉也是人尽皆知。据《三国志·杨仪传》记载："亮深惜仪之才干，凭魏延之骁勇，常恨二人之不平，不忍有所偏废也。"费祎也经常为二人调解。

蜀汉建兴十二年（234），诸葛亮最后一次北伐，驻军五丈原和司马懿对峙。同年秋天，诸葛亮身染重病，临终之前做出部署："令魏延断后，姜维次之，延或不从命，军便自发。"从这句话看，诸葛亮并没有丝毫要杀死魏延的意思，诸葛亮深知魏延对蜀汉忠心耿耿，只是不服杨仪，所以说如果魏延真的不听从命令，那就不要管他，大军自行撤退。这样的安排也是为了防止蜀汉内斗，从而让敌人有机可乘，但是诸葛亮了解魏延的性格，桀骜不驯，他极有可能不听从命令，如果这样那大军只有撇下魏延全速撤回成都，以保存实力。所以从这点来看，诸葛亮的遗言只是单纯从大局着想，并没有丝毫针对魏延个人的意思，那魏延究竟是怎么死的呢？

诸葛亮去世之后，杨仪派费祎去魏延营中宣布丞相遗令，以试探魏延的态度。魏延听到要让自己断后果然暴跳如雷，大声说道："丞相虽然不在了，但我魏延还活着，我留在此率军继续北伐，岂能因一人之死而荒废国家大事？况且我魏延是什么人，怎能给杨仪那家伙断后？"费祎听到后继续发扬他高超的忽悠技巧，说道："你说得很对，我这就回去劝说杨仪，让他把兵权交给将军，杨仪一个文官，他一定会同意的。”魏延一时不察便放走了费祎，等到后悔时费祎已经跑远了。杨仪听说魏延不服从命令，就下令全军撤退，不管魏延。

大军都随杨仪徐徐退却，魏延大怒，日夜兼程，赶在杨仪大军前面，所走过的地方都烧绝阁道。杨仪和魏延都互相上表皇帝刘禅说对方谋反，一日之内奏折飞至。刘禅问董允和蒋琬到底是谁想造反，董、蒋二人都担保杨仪而怀疑魏延。魏延先占据南谷口，率军出击杨仪大军，杨仪命令王平在前抵御魏延。王平骂魏延的先头部队：“诸葛公去世，尸骨未寒，你们这些人怎么敢如此！”魏延大军知道错在魏延，不听魏延的命令，都散了。只有魏延与其子数人逃亡，逃到汉中，杨仪派遣马岱追上了魏延并且斩了他，将头颅献于杨仪，杨仪用脚践踏魏延的头颅，并且骂道：“庸奴！你还能再作恶吗？”于是诛灭魏延三族。

刘禅原本是让蒋琬去调查真相，可蒋琬还没走到汉中，魏延就已经被杀，于是蒋琬只能和杨仪一同率领大军撤回成都。杨仪自以为功勋卓著，可以继承诸葛丞相的衣钵，可谁知后主只给了他一个有名无实的中军师头衔，反而加封资历不如杨仪的蒋琬为大司马，主掌朝政。这主要是因为诸葛亮生前认为杨仪虽然很有才干，但却心胸狭窄，不能容人，并不适合辅政，所以在临终时上密表给皇帝刘禅推荐蒋琬继任。

杨仪因此怀恨在心，整日牢骚满腹，所有的人都在躲避他，只有费祎去安慰杨仪，谁知杨仪居然说道：“早知道如今这么孤单，当初我还不如率领军队投靠魏国呢！”费祎立马将这大逆不道之话禀告刘禅，刘禅大怒，将杨仪贬为平民并流放，可杨仪不知悔改，继续上书诽谤朝廷，被刘禅下狱问罪，杨仪在狱中自杀。此时距离诸葛丞相去世还不足一年，蜀汉这两位重臣便先后死于非命，怎不让人感慨万分！

说到底魏延之死主要是因为和杨仪之间的内讧造成的，所谓魏延脑后反骨不过是罗贯中先生杜撰出来的，并非史实。但是魏延自身性格也是有缺陷的，因为他的张扬高傲，不可一世，得罪了不少人，所以在关键时刻没人站在他这边。当然魏延的问题还在于他烧毁阁道，即便他只是想杀死杨仪，也不应该断绝大军撤退的道路，这样做就会给人一种叛变的感觉。但不管怎么说，魏延对蜀汉政权的忠诚都是毋庸置疑的，无论刘备还是诸葛亮也都对他青睐有加，极为信任。

总而言之，魏延之死可以说是蜀汉乃至三国时期最大的一起冤案了，但蜀汉朝廷却无法给魏延平反，因为一旦给魏延平反，就势必要指出蜀汉重臣费祎、董允、蒋琬和姜维当时的错误，如此牵涉的人员众多，并且都是蜀汉后继执政者。即便当局已经明确知道魏延之死是冤案，但为了蜀汉政权稳定，内部团结，也只能将错就错，始终无法给魏延平反。

魏延在刘备和刘禅两朝屡立战功，勇冠三军，却因为自身性格缺陷，落得个身首异处的悲惨结局，在他死后仍要背负污名，尤其是经过《三国演义》的渲染，魏延更成为不忠不义的小人。这样一个勇猛的大将却被误读千年，岂不可惜？千载之后的我们又该如何公正地看待魏延之死呢？

杨修

YANG XIU

杨修之死并非因鸡肋

一提起杨修，绝大部分人会联想到八个字，那就是“恃才傲物，自作聪明”，而杨修最后悲惨的结局也被理解为是“聪明反被聪明误”的典型，可事实果真如此吗？杨修真的是因为锋芒毕露遭曹操嫉妒而被杀吗？众所周知的“鸡肋”事件真的是导致杨修最终被杀的导火索吗？恐怕历史真相不尽如是，带着这重重疑问，让我们回到千载之前的三国古战场去一窥究竟吧！

杨修字德祖，弘农华阴人。乃是杨震的玄孙，杨彪的儿子，出身世代簪缨之家，《后汉书》称：“自震至彪，四世太尉。”杨修为人恭敬，学问渊博，极聪慧，有俊才，建安年间被举孝廉，除郎中，后担任丞相曹操的主簿。当时曹操军国多事，杨修负责内外之事，都合曹操心意。《三国志》载：“是时，军国多事，修总知内外，事皆称意。”可见杨修的才能不仅仅在于文学方面，政治才能也颇为突出。

关于杨修之死，《三国演义》进行了详细的描写，将曹操的猜忌以及杨修的狂傲刻画得淋漓尽致。为了给“鸡肋”事件铺垫，《三国演义》还描写了杨修数犯曹操之忌，遭曹操嫉妒，终于在曹操与刘备的汉中争夺战中，曹操支撑不住欲退军，于是传下夜间口号“鸡肋”，众人不解其意，只有杨修解道：“鸡肋者，食之无味，弃之可惜，魏王不久必将班师。”曹操于是以此为由，借口杨修妖言惑众，扰乱军心，将其处斩。

从《三国演义》的描述可知，杨修被杀理由有二：一是才策过人，被曹操所忌；二是泄露军中机密。可是小说毕竟不是历史，杨修之死的真正原因绝非这两点。虽然《三国演义》中关于“鸡肋”事件的描写基本符合史实，但若说杨修因此被杀则未免太过牵强。

《后汉书》载：“及操自平汉中，欲因讨刘备而不得进，欲守之又难为功，护军不知进止何依。操于是出教，唯曰：‘鸡肋’而已。外曹莫能晓，修独曰：‘夫鸡肋，食之则无所得，弃之则如可惜，公归计决矣。’乃令外白稍严，操于此回师。”从这段记载可知，杨修的确对“鸡肋”一词做出了解答，但曹操并没有因此忌讳什么，也看不到曹操有任何责怪杨修的记载，反倒听从杨修建议下令退军，而杨修被处死也远在此战结束的半年之后，并非当时。退一万步说，就算曹操真的忌讳杨修所言，认为扰乱军心，并想要以此治罪，那他也应该在军中立马处死杨修，又怎么会一言不发退军还长安，在耽搁半年之久后而又以此定罪呢？这不是太说不过去了吗？以曹操的风格断不会如此。

下面再看第二个原因，杨修才策过人，曹操深以为忌。杨修确实聪敏绝伦，但曹操乃是爱才惜才之人，曾三下“求贤令”，明确提出“唯才是举”的主张，而曹操帐下文臣武将众多，比杨修聪明的也不在少数，例如郭嘉、贾诩、程昱、荀攸等人在政治、军事诸才能上均要高出杨修一筹，也不见曹操对他们怀有嫉妒之心，尤其对待郭嘉更是礼遇甚厚，欲以后事相嘱，可见曹操的度量绝不会因为下属比自己聪明就将其处死，这个理由也无法成立。

可能很多人受小说影响，认为杨修之死是因为参与了曹丕和曹植的夺嫡之争,他错站在曹植一方而受到牵连,可事实果真如此吗？在历史上，曹丕和曹植夺嫡数年，一开始曹植以文采信见宠爱，而曹操也数次欲以曹植为嗣，在这段时期杨修确实多次帮助曹植通过了曹操的考验，参与到夺嫡之争的旋涡。但是由于杨修出身名门，才思敏捷，曹操的儿子都争相与他结交，《三国志》载：“自魏太子以下，并争与交好。”因此在魏国，不仅仅曹植，后来的太子曹丕也与杨修关系友善。

再加上杨修此人很会洞察世事，应变能力极强，他虽然参与帮助曹植却也并非死心塌地，在曹植后来以骄纵逐渐失去曹操的宠爱之时，杨修就打算疏远曹植，只是尚不敢这么做。《三国志》称：“值后以骄纵见疏，而值故连缀修不止，修亦不敢自绝。”还有一个例子也能说明杨修与太子曹丕间亲密的关系，杨修早年曾将一把王髦剑赠送给曹丕，曹丕时常佩戴，在即位之后，追思杨修的过往，抚摸这把王髦剑，驻车顾左右曰：“此杨德祖昔所说王髦剑也。髦今焉在？”于是重赏了铸造这把剑的王髦，以表达对杨修的追思之情。由此可见曹丕和杨修的关系是极好的，即便在杨修去世多年之后，曹丕仍对他念念不忘。

既然如此，杨修参与夺嫡之争的罪名也就不成立了，因为曹丕本人都不介意杨修曾经相助曹植，曹操又何必提前为曹丕除掉杨修呢？这显然是说不通的。况且历朝历代的夺嫡之路都艰险异常，一不小心便会万劫不复，当时参与到曹丕、曹植世子之争的也并非杨修一人，例如曹丕党的吴质、刘祯；曹植党的丁仪、丁廙兄弟，也未见曹操有任何的惩治，丁仪兄弟也是在曹丕即位之后被下令处死的，那为何曹操单单对杨修参与党争不满呢？因此这也不是杨修之死的真正原因，那么史书上关于杨修之死的解释为何呢？

《三国志》称：“太祖既虑终始之变，以杨修颇有才策，而又袁氏之甥也，于是以罪诛修。”《典略》称：“公以修前后漏泄言教，交关诸侯，乃收杀之。”从这两个记载来看，曹操颇为忌惮的不是杨修的才策，而是他袁氏之甥的身份，可若只是这个身份，那曹操也不至于杀死杨修。曹操广揽天下英雄，帐下大将庞德之前是马超的旧将，其兄庞柔更是刘备的心腹，可曹操并没有因此而猜忌庞德，对他信任有加；再者文学家陈琳曾出仕袁绍，在官渡之战前更是写讨曹檄文痛斥曹操三代，可曹操爱惜陈琳之才，不计过往加以重用。虽然袁氏兄弟是曹操的政敌，可此时已被剿灭十多年，以曹操的心胸断不会单单因为杨修的身份而将其处死，杨修之死的根本原因还在于与曹操政见不合。

杨修的父亲杨彪是汉朝的太尉，与曹操多次意见相左，曹操“挟天子以令诸侯”，专权欺上，大有取汉朝而代之的意思，而杨彪一直视自己为汉臣，对曹操的做法大为不满，曹操也颇为忌惮杨彪的家族势力，想要找个机会除掉杨彪。在袁术自立为皇帝被曹操剿灭之后，由于杨彪和袁术有姻亲关系，于是曹操便以此为借口将杨彪下狱问罪，后来多亏了孔融不惧权威替杨彪求情，曹操念在孔融是圣贤之后，天下名士，于是方才赦免杨彪死罪，但还是罢免了他的太尉一职，曹操的这个做法也是提前为曹氏家族日后篡权扫清障碍。

杨修作为杨彪之子，同样以名士自居，看不上曹操的出身及人品，与曹操多有政见不合。建安二十四年（219），曹操在汉中之战中败给刘备，回军长安后身体每况愈下，不能不考虑后事，而对于杨修的担忧则是愈来愈多，再加上在前不久，宛城守将侯音造反，执南阳太守，与关羽里应外合反叛曹魏政权，负责镇守荆州的曹仁率领诸军围攻，最终屠宛城，侯音被斩首，叛乱失败。

这起叛乱加重了暮年曹操心中的负担，试想一个小小的侯音都能够联合吏民共反，更何况出身名门、天下知名的杨修呢？曹操在临终之前为了确保曹魏政权的平稳过渡以及长治久安，必须除掉一切潜在的隐患和威胁。而对于曹操来说，身边的杨修就如同定时炸弹一般不知何时将会引爆，果真等到那一日自己的接班人是否有能力应对乱局，这都是他所需要考虑和深深担忧的问题。因此若不处死杨修曹操始终不会安心，于是他最终决定以“泄露言教”罪为由将杨修处死，杨修死时时年 45 岁。

杨修在临死之前说道：“我固自以死之晚也。”可见他深知凭借自己的出身和政见，曹操是绝对不会放过自己的，因此早已做好了赴死的准备。杨修死后，曹操虽赠赐许多物品给杨彪补偿，但他仍万分痛惜。《后汉书》载：曹操问杨彪：“公何瘦之甚？”杨彪说：“愧无日磾（金日磾）先见之明，犹怀老牛舐犊之爱。”可见杨修之死对于其父杨彪的打击是巨大的，身为人父却要经受白发人送黑发人的痛苦，杨彪形容憔悴亦在情理之中了。

值得一提的是，杨修死后百余日，一代枭雄曹操就病逝了，看来曹操确是想在自己离世之前清除曹魏隐患，了却这桩案件，这才有了杨修之死。杨修本出身名门，理当建功立业，可谁想正是他的出身却反倒害了他，恰逢乱世，往往有诸多的无奈和身不由己！杨修之死不仅是他个人的悲剧，更是整个三国时代的悲剧！

周瑜

ZHOU YU

周瑜真的心胸狭窄吗？

在《三国演义》里，周瑜是一个心胸狭窄，嫉贤妒能之人，可能罗贯中先生为了突出诸葛亮的神机妙算以及足智多谋，所以这才刻意抹黑贬低周瑜。周瑜躺着也中枪，就这样被不明不白地冤枉了上千年，那正史里的周瑜到底是怎样的一个人呢？

但凡是熟悉三国历史的朋友都不会对周瑜感到陌生，可惜的是经过明朝《三国演义》的渲染，周瑜如今显然成为心胸狭窄的代名词，这实在是与历史上周瑜的形象大相径庭，相去甚远。现在就让我们来拨开重重迷雾，来探寻和了解历史上真正的周瑜！

周瑜字公瑾，庐江舒县人，出身大族，相貌俊美，志向远大。东汉初平元年（190），孙坚讨伐董卓时，他家人住在寿春，当时孙坚长子孙策和周瑜同年出生，为人英武霸气，而且在江淮一带很有名气，周瑜慕名前去拜访，且让出宅子供孙家居住，从此两家交好。出生于同年的两个帅哥孙策和周瑜互相欣赏，并结下了牢不可破的朋友关系。

东汉兴平二年（195），孙策率军入历阳，将要东渡长江，于是写信给周瑜，周瑜率兵迎接孙策，给他以大力支持，孙策十分喜悦。东汉建安三年（198），孙策授周瑜建威中郎将，还替他修建住宅，赏赐之厚无人能与之相比。当时周瑜 24 岁，吴郡人皆称之为周郎。东汉建安五年（200），孙策遇刺身亡，时年 26 岁，临终前把军国大事托付给弟弟孙权。据《三国志·周瑜传》记载：“瑜将兵赴丧，遂留吴，以中护军与长史张昭共掌众事。”

周瑜年少有为，对孙氏政权也是忠心耿耿。据载，曹操曾经让以辩才闻名的蒋干说降周瑜，周瑜十分坚决地回绝了蒋干。天下的士人因此愈加佩服周瑜。顺便提一下，蒋干这个人也是被《三国演义》严重贬低的一个人，甚至罗贯中先生还杜撰出了蒋干盗书的情节，将蒋干塑造成了一个“丑角”。

可事实上蒋干是很有才干的，尤其是辩才。据《三国志·周瑜传》裴松之注引《江表传》记载：“蒋干字子翼，九江人，有仪容，以才辩见称，独步江淮之间，莫与为对。”可见，蒋干本是一位相貌堂堂、风度翩翩的儒雅之士，而并非鸡鸣狗盗式的小丑形象。他的才能、机辩闻名于长江、淮河之间，甚至一时难以找到对手，是江淮一带的大名士。如此机智精明之蒋干，岂能连续中周瑜的计谋。而且蒋干过江说降周瑜是发生在赤壁之战之后，当时蒋干看到周瑜意志坚定，于是便只谈朋友之义，并没有被周瑜耍得团团转，不过经过《三国演义》的渲染之后，蒋干反倒成了被人嘲笑的对象。

东汉建安十三年（208），曹操率军南侵，占领荆州，向孙权进逼。大军压境之际，东吴政权内部是战是和难以统一，此时孙权召回周瑜询问意见，周瑜当机立断，主张和曹操一战，并指出曹军的四个弊端，从这个分析中可以看出周瑜确是军事奇才，东吴支柱。

在《三国演义》里，此时刘备被曹操大军打得大败，走投无路，于是派遣诸葛亮出使东吴，求救于孙权，周瑜也是在此时认识诸葛亮的。罗贯中先生还特意虚构了很多故事情节来美化诸葛亮并贬低周瑜，如草船借箭、借东风、智激周瑜、三气周瑜等耳熟能详的故事无一不体现了周瑜的心胸狭窄，可事实果真如此吗？其实在正史里周瑜跟诸葛亮是不太有什么交集的，周瑜也并没有把诸葛亮当回事儿。

据《三国志·周瑜传》记载："周瑜性度恢廓。"从这四个字的评价可以看出周瑜的心胸十分宽广。那么说周瑜不看重诸葛亮有什么证据呢？赤壁之战之后，刘备前去东吴拜见孙权，此时周瑜建议孙权软禁刘备，并上疏说："刘备以枭雄之姿，而有关羽、张飞熊虎之将，必非久屈为人用者。"周瑜在这篇奏疏中甚至连诸葛亮提都没有提，如果他真的认为诸葛亮是东吴的最大威胁，那他应该再加一句话，更兼诸葛亮为之谋，可是周瑜并没有这样说，既然如此他又怎么可能妒忌诸葛亮而屡屡想至他于死地呢？

退一万步说，在当时那种情况下，周瑜有没有嫉妒和迫害诸葛亮的可能和必要。东汉建安十三年（208），赤壁之战前夕，周瑜 34 岁，官拜大都督，一人之下万人之上，再加上他又是东吴两朝老臣，更与孙策有着总角之情，威望甚高，这是其他将领所不能比的。周瑜早年就跟随孙策将军南征北战，立下了无数的汗马功劳，这才打下了江东的基业，而且英姿勃发的周郎此时与小乔结婚也已经十年。综上所看，这时的周瑜可谓是官场战场情场场场得意。反观诸葛亮此时只有28岁，刚刚出山一年，没有官职也没有功劳，名气也不是很大，这与周瑜的处境是无法相比的。试想春风得意的周瑜又怎么可能会去嫉妒诸葛亮呢？别人嫉妒他还差不多！

接下来我们再看看当时的人对周瑜的评价：

孙权："公瑾有王佐之资，今忽短命，孤何赖哉？"

刘备："公瑾文武筹略，万人之英，顾其气量之大，恐不久为人臣耳。"

蒋干："雅量高致，非言辞所间。"

王朗："周公瑾，江淮之杰，攘臂而为其将。"

程普："与周公瑾交，若饮醇醪，不觉自醉。"

由此可以看出，这些当时的名人，无论是哪个阵营的都无一例外对周瑜的才华和器量给予高度评价。可见在当时人的心目中周瑜是一代英杰，谁想在《三国演义》成书之后，周瑜却反倒成为心胸狭窄的代名词，这一形象确与史实相去甚远，岂不可惜？

东汉建安十五年（210），周瑜上疏孙权，建议攻取蜀地，吞并张鲁，而后结援马超，与曹操二分天下。这个建议被孙权采纳，不幸的是就在周瑜行军至巴丘的时候，突生重病，英年早逝，年仅36岁。孙权听说后悲痛欲绝，素服举哀，感动左右。可以说周瑜的一生是短暂而精彩的，他虽然绚丽的时间不长，但他一定是个英雄。

试想如果周瑜没有早亡，二分天下的计划得以实施，那恐怕历史将要改写，但是历史没有如果，我们也不应该主观地去臆测没有发生过的事情，但不管怎么说，我们都应该还原周瑜在正史里的形象，而不能偏听偏信，一味地误读这样一个文武双全的英雄，便是有失公允了！

诸葛

诸葛亮

ZHUGE LIANG

诸葛亮真的是被刘备三顾茅庐请出山的吗？

曾几何时，经常有朋友问我："诸葛亮这么有才的人为何会选择微不足道的刘备？他如果选择曹操那天下早就一统！"针对这个观点我的看法是未必，为什么呢？曹操得到诸葛亮就一统天下是有前提的，这个前提就是曹操必须无条件信任并且重用诸葛亮，这个假设才有可能会实现，可是以曹操的性格他是做不到这一点的！

也就是说就算曹操和诸葛亮联合也顶多是把三分天下变成二分天下，刘备被提前灭掉，但对于统一大业来说也不会改变什么，反倒诸葛亮的才能还会被埋没！本文针对这个问题来探寻诸葛亮的内心世界以及真实想法，他选择一无所有的刘备难道真的仅仅是因为三顾茅庐吗？

汉献帝建安十二年（207），刘备经过徐庶、司马徽等人的强烈推荐，终于三顾茅庐请得诸葛亮出山，从此改变了历史走向。刘备咸鱼翻身，从寄人篱下走到成帝王之业，这中间少不了诸葛亮的竭忠辅佐。那么问题来了，究竟是什么因素促使天纵奇才诸葛亮做出这看似轻率的决定呢？要弄清楚这个问题，首先要了解诸葛亮还有没有其他选择，我的答案是有，而且选择很多！那就让我们穿越千年的时光，回到金戈铁马的三国乱世去一看究竟吧！

三国可以说是中国历史上最有意思、最英雄辈出的年代了。当斯之时，天下大乱，手握重兵雄踞一方的诸侯数不胜数，可诸葛亮偏偏选择了很不起眼的刘备。鉴于很多诸侯都是中看不中用，要么兵败被杀，要么死于内讧，在这里就不一一分析，主要说说比较有名的三个诸侯，同时也是诸葛亮最有可能选择的三个人，他们分别是刘表、孙权和曹操。这几个诸侯在当时可都是响当当的人物，很多荆楚俊杰都投奔了他们，但是诸葛亮却对这几个人一点儿兴趣都没有，这又是为何呢？

先说刘表，对于诸葛亮来说投奔刘表应该是最方便的选择了，为什么呢？因为诸葛亮跟刘表至少有四层关系：

第一，诸葛亮的叔父诸葛玄跟刘表是朋友。诸葛亮从小失去父母，是由叔父一手带大，所以诸葛亮跟叔父的感情是很深的。东汉兴平元年（194），曹操因父亲曹嵩之死征伐徐州，诸葛亮的家乡遭遇战火，于是少年诸葛亮携姐弟跟随叔父投奔荆州牧刘表。东汉建安二年（197），诸葛亮最后的依靠叔父诸葛玄病逝荆州。在这种情况下，17 岁的诸葛亮如果继续出仕刘表则是顺理成章的事情，刘表照顾朋友的儿子，安排一官半职也是人之常情。可是这两位偏偏都没有这个意思，互相瞧不上眼。同年，诸葛亮隐居于襄阳城外 20 里地隆中。

第二，诸葛亮的岳父黄承彦是荆州牧刘表的连襟，也就是说刘表是诸葛亮妻子黄月英的姨父，那这层关系就更近了，可即便如此诸葛亮也

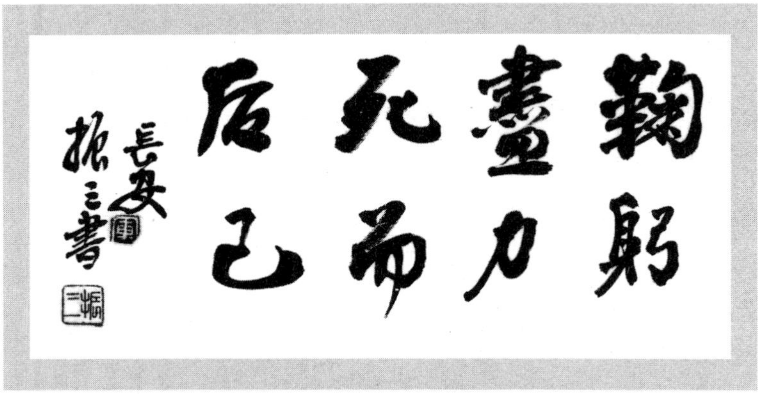

丝毫没有出仕的打算。

第三，诸葛亮的大姐夫蒯祺是刘表手下重臣蒯越和蒯良的兄弟，蒯氏可是荆州的名门望族，再加上兄弟三人并有才名，为时人所称道。

第四，刘表手下第一大将蔡瑁是诸葛亮妻子黄月英的舅舅，也是当时荆州呼风唤雨的人物，后来刘表废长立幼就是蔡瑁从中唆使的结果。如此看来，诸葛亮的条件可不是一般的好，无论诸葛亮选择哪一层关系都可以轻轻松松当官，可是他却对此视而不见。通常的解释是诸葛亮看出刘表不能成大事，所以宁愿在隆中当了 10 年农民也不愿意辅佐刘表。

刘表真的有这么差劲吗？据《三国志·刘表传》记载：“表南收零、桂，北据汉川，地方数千里，带甲十余万。”从这句话的字面意思来看，刘表貌似也不是很窝囊，如果生在治世当是守成之主，不幸他生在弱肉强食的乱世，那其能力就显得力不从心了！试想当时天下大乱，刘表据有一州之地，兵强马壮，完全可以趁机扩大自己的势力，角逐天下，可反观刘表却只想守住自己的一亩三分地，无丝毫进取之心，这种思想显然不适合乱世的生存法则，也难怪早早就被淘汰出局了。

此外，由于中原战乱，很多俊杰都相继逃亡到相对太平的荆州，这其中就有诸葛亮、徐庶、庞统、孟公威、石广元等人，可刘表却一个都不用，只顾安享一时富贵，对诸多人才视而不见，他的无能可想而知。

记得《三国志》的作者陈寿评价刘表道：“表外宽内忌，好谋无决，有才而不能用，闻善而不能纳。”可以说这个评价还是比较客观中肯的。也正因此，诸葛亮舍弃了跟自己沾亲带故的刘表，放着眼前的捷径不走，偏偏去隐居种地，这诸葛亮的志向和眼光确非常人可比。总结起来，诸葛亮不选刘表的原因是他看出了刘表没有远志，且不足以成事。那曹操和孙权呢？这两位可都是强人，诸葛亮也没有选，这又是为什么呢？

其实诸葛亮跟孙权也是有联系的。诸葛亮的大哥诸葛瑾是孙权手下重臣，在这种情况下，如果诸葛亮想出仕孙权也是轻而易举的事情，只需要兄长引荐就行，但是诸葛亮却没有丝毫表示，依旧开心地过着晴耕雨读的生活。这就奇怪了，诸葛亮不选刘表还可以理解，可是孙权是三国三巨头之一，坐拥江东六郡之地，堪称一代名主，再加上有兄长的这层关系，这对于他来说也不失为一个好的选择。

汉献帝建安十二年（207），曹操大军南下，诸葛亮临危受命，出使江东。这时孙权发现诸葛亮是个人才，就想将他留下以为己用，于是让第一谋臣张昭前去劝降，诸葛亮给张昭的回答很简单，说道：“孙将军可谓人主，然观其度，能贤亮而不能尽亮，吾是以不留。”这句话翻译过来就是孙权是个好主子，但是我看他的度量可以做到尊敬我，但是我的才华却不能够尽情施展，所以我不留下。

诸葛亮精辟的回答和分析历来就被认为是他择主的两大标准，虽然有理却也不尽然，在那种情况下，诸葛亮的目的是促成孙刘联盟，所以肯定不会对张昭说孙权的不好，只能找个比较合理的借口说事。再说以诸葛亮的人品，如果孙权能够做到才尽其用，难道诸葛亮就会背叛刘备吗？这显然是不可能的，所以这只是诸葛亮不选择孙权的部分原因，绝不是根本原因。当时东吴的局势是文有张昭，武有周瑜，相得益彰。就算诸葛亮过去也只能依靠兄长的面子混个一官半职，但是地位必定是在张昭、周瑜，甚至鲁肃之下，这显然是诸葛亮所不愿意看到的，所以这句话有一定的道理。

那根本原因又是什么呢？第一是孙权没有匡扶汉室的想法，只想图谋霸业，实现个人野心；第二是东吴派系复杂，表面一团和气，实则暗流涌动；第三是诸葛亮看出了孙权刻薄寡恩的性格特点！另外提一下我不是对孙权有偏见，只是实事求是。那么说孙权刻薄寡恩有什么证据呢？证据有三：

第一，孙权的位子是兄长孙策给他的，按理来说孙策的恩情是大过天，可是孙权称帝后只追封孙策为长沙桓王，连一个帝号都舍不得给，对孙策唯一的儿子孙绍也没有格外关照。

第二，东吴的四大都督周瑜、鲁肃、吕蒙和陆逊可以说是功高于国，可是孙权翻脸比翻书还快，周瑜和鲁肃都是病逝，结局还凑合，最过分的是吕蒙杀关羽夺荆州，成如此大功却突然死亡，陆逊出将入相却被孙权逼死，此外孙权对待四大都督的子孙也很平平，无丝毫表示。

第三，孙权对待自己的儿子尚且没有骨肉之情，又何况旁人呢？孙权晚年一手制造了太子和鲁王两党之争长达八年，文武举国中分，无数大臣被牵连，轻则罢官流放，重则抄家问斩，两个儿子也是一个被废一个被杀，最后立幼子孙亮为帝，可以说东吴后期政权更迭，内讧不断，孙权有着不可推卸的责任。

虽然当时诸葛亮出使东吴是在孙权早期，那个时候孙权还是给人一种礼贤下士的感觉，并摆出一副明君的姿态，只是聪慧过人的诸葛亮一定早就发现了孙权的性格本质，才没有被表相所迷惑！综合以上几点，诸葛亮放弃孙权的原因是多样和复杂的，那么诸葛亮又为何没有选择实力雄厚的曹操呢？

如果说诸葛亮选择刘表和孙权还有点可能，那么选择曹操却是绝对不可能的，为什么呢？

第一，曹操挟天子以令诸侯，托名汉相，实为汉贼。诸葛亮从小深受儒家学说熏陶，忠君爱国思想根深蒂固，再加上祖上历仕汉朝，所以其与大汉的感情是很深的，他的理想就是匡扶汉室，这显然与曹操的理想相违背。

第二，曹操性格多疑，不能推心置腹，稍有不慎便有灭门之祸。

第三，曹操不爱惜百姓，尤其是当年屠徐州一事给少年诸葛亮的内心留下了不可磨灭的阴影。

第四，曹操本人就是个强人，手下文臣武将个个都是牛人，在这种情况下诸葛亮即便去了又能做什么呢？曹操又有多重视他呢？曹操最欣赏的鬼才郭嘉尚且只是个军师祭酒（相当于普通的参谋），又更何况诸葛亮呢？所以综合考量，诸葛亮是一定不会选择曹操的！

分析完诸葛亮不选择刘表、孙权和曹操的原因后，现在再来说说诸葛亮又为什么一定要选择刘备，刘备的身上又有怎样的人格魅力深深吸引了诸葛亮呢？我认为要弄清楚这个问题首先得了解诸葛亮究竟要选择怎样的一个人，正所谓身逢乱世，非但君择臣，臣亦择君。那诸葛亮的择主标准又是什么呢？依我所见，诸葛亮有四个择主标准：第一，这个人一定要以匡扶汉室为己任，最好是个汉室宗亲；第二，此人要胸怀大志，性格坚韧，虽屡遭挫折但仍不放弃；第三，此人现下时运不济，实力弱小，寄人篱下，手下没有得力谋士；第四，集团内部环境相对单纯，没有大的派系之争。在群雄割据的三国乱世，放眼望去，能全部做到这四点的也只有刘备了。

首先，刘备打的口号一直都是兴复汉室，虽然后来他的理想变了，野心大了，跟诸葛亮的关系也变得微妙起来，但至少在当时其理想还是兴复汉室，这算是志同道合；其次，刘备手下武强文弱，没有出谋划策的能人，所以急需一个军师；再者，刘备当时处境艰难，寄寓荆州刘表之下，只有数千人马，随时都有可能被灭掉；最后，刘备当时的集团成员都是荆州派系，彼此之间和睦团结，这是其他集团所不能比的，所谓的东州派系和益州派系都是在刘备入蜀后才产生的派系，所以在当时内部环境的确相对单纯！如此看来，刘备确是最佳选择！

那些说诸葛亮辅佐刘备是被三顾茅庐所感动的人，就未免显得迂腐了！以诸葛亮的经天纬地之才，面对择主这样一生的大事，绝不可能凭一时感动草率决定，那必定是经过深思熟虑的，可以肯定的是诸葛亮决定选择刘备一定是在三顾茅庐发生之前。按理来说刘备在荆州待了七年，一定早就听说过诸葛亮，可他为什么一直等了七年才去拜访诸葛亮，想必在此期间两个人都在互相地了解和考察对方，直到东汉建安十二年（207），曹操南下，荆州局势危在旦夕，刘备实在不能继续等待，于是放下身段三顾茅庐请出诸葛亮，这历来就被传为君臣相知的千古佳话！

从后来的发展来看，诸葛亮的选择无疑是明智的，正是因为有了刘备这个平台，他才能够大展身手，成就大业！诸葛亮目光如炬，慧眼识英主，使得他能够流芳千古！如果他选择了其他任何人都不可能有他后来的成就，这说明平台是很重要的，正所谓千里马常有，而伯乐不常有，士为知己者死，刘备显然就是诸葛亮的伯乐和知己。文及此处，想必大家已不难明白诸葛亮为何会选择刘备了，这个极其重要且正确的决策不仅成就了诸葛亮，同时也成就了刘备，可以说诸葛亮的这个决定对三国乃至历史的走向都有着深远影响！

后记

HOU JI

三国历史虽然只有短短数十年，但却是最广为流传、最受大众喜爱的一段历史时期，这段尔虞我诈、波诡云谲的乱世涌现出了无数的英雄豪杰，他们舍生取义、忠肝义胆的优秀品质为后世钦佩，同时也影响着一代又一代人。

大多数人所认识和了解到的三国历史基本都是出自《三国演义》这一文学作品，由于小说创作需要，罗贯中尊刘贬曹的倾向，使得书中很多人物被神化或丑化，从而脱离了其原本的历史形象，因此大众对很多三国人物都存在着误读!

笔者以《三国志》等史书为依托撰写本书，还原一个个真实的三国人物，让他们的历史形象浮出水面，从而揭露历史真相，诠释三国谜团，让更多的人了解真正的三国历史，以及三国人物的本来面目。经过多年来不断地努力和尝试，笔者希望可以从更多视角解读三国历史，本书就是笔者所撰写的《素品三国》系列的第一本，之后也会陆续更新。这本书的创作过程，可以说是几经波折，其间也遇到了一些难题和阻碍，但所幸问题最终都得以圆满解决。

本书的创作中，笔者要感谢父母的支持；感谢西北大学贾三强教授为本书写序，也要特别感谢笔者的导师陈中和副教授的悉心指点和教导，让笔者获益良多；同时还要感谢负责出版和印刷的所有相关人员。

如果没有你们的帮忙和协助，本书也不会这样顺利出版。在这里，笔者谨献上最诚挚的感谢，衷心感谢所有为本书付出的人，谢谢你们！同时也希望本书能为三国历史的研究贡献绵薄之力，如有不足之处还望广大读者多多给予指正！

任　婕